博物馆：把壮美中华璀璨文化讲给你听

李艳军 著

辽宁人民出版社

图书在版编目（CIP）数据

博物馆：把壮美中华璀璨文化讲给你听 / 李艳军著 .
沈阳：辽宁人民出版社，2024. 12. -- ISBN 978-7-205-
11271-4

Ⅰ . G266

中国国家版本馆 CIP 数据核字第 2024RM1075 号

出版发行：辽宁人民出版社
　　　　　地址：沈阳市和平区十一纬路 25 号　邮编：110003
　　　　　电话：024-23284191（发行部）　024-23284304（办公室）
　　　　　http：//www.lnpph.com.cn
印　　刷：天津光之彩印刷有限公司
幅面尺寸：170mm×240mm
印　　张：11
字　　数：120 千字
出版时间：2024 年 12 月第 1 版
印刷时间：2024 年 12 月第 1 次印刷
责任编辑：孙婋娇
装帧设计：一诺设计
责任校对：吴艳杰
书　　号：ISBN 978-7-205-11271-4
定　　价：56.00 元

前　言

　　博物馆是一个充满神秘与传奇的地方，它犹如历史的容器，承载着文化的传承以及人类智慧的结晶。在这个特殊的地方，一件件珍贵的文物如同时空的信使，见证了人类历史的长河变迁，展现了各个历史时期的独特文化风貌。博物馆不仅是历史的守护者，更是文化的传播者，为广大观众提供了一扇通往过去的窗口，让人们能够从中了解和认识世界。

　　博物馆中的文物，仿佛是一部部会说话的历史书籍，它们用自己的故事诉说着过去的岁月。无论古代的文字残片，还是传世的书画佳作，又或是历尽沧桑的器物以及凝聚着先民智慧的建筑遗迹，这些珍贵的文物共同见证了人类文明的辉煌，传承了中华民族的优秀文化，诉说着五千年华夏历史的峥嵘与繁华。

　　博物馆文物的价值不仅仅是历史和文化的见证，它对于现代人的意义更加不容忽视。它们可以帮助我们了解古代的社会制度、宗教信仰、生活习俗等，从而揭示人类社会的发展脉络。艺术品则可以展示不同时期和不同地区的艺术风格、审美观念和创作技巧，让我们领略到人类文明的璀璨光辉。同时，通过对文物的研究和解释，我们可以更好地理解历史事件和社会变迁，从而为现实生活和未来发展提供借鉴和启示。

博物馆的职责并不局限于文物的收藏和展示。在博物馆中，每一件文物都是一部活生生的历史教材，它们以无声的方式诉说着过去的辉煌和沧桑。然而，如何让这些文物真正"活"起来，如何让这些沉默的文物"开口说话"，如何让后人通过文物了解历史、感受文化，是一项极具挑战性的任务。为了让这些静态的文物变得生动起来，博物馆工作人员付出了巨大的努力。他们研究文物的历史背景，挖掘文物背后的故事，用深入浅出的语言为观众讲解，让人们在聆听故事的同时，感受到历史的沉淀和文化的厚重。

博物馆文物是历史的瑰宝，它们承载着丰富的历史信息和文化内涵。为了更好地发挥博物馆文物的价值，需要我们深入挖掘其背后的故事，用心去讲述它们的历史渊源和文化内涵。只有这样，观众才能在参观博物馆的过程中，真正感受到历史的厚重，领略到文化的魅力。同时，通过对文物的深入研究和讲解，我们可以让更多的人了解和认识到这些信息和文化，从而加强对文化遗产的保护、传承和展示。此外，通过对文物的讲解，我们还可以帮助人们建立起正确的历史观和文化观，培养对历史的敬畏之心和对文化的热爱之情。本书的目的是探讨博物馆文物的利用与讲解，如何更好地利用和展示博物馆的文物以及如何通过讲解使观众更好地理解和欣赏这些文物。

目　录

第一章　博物馆文物的分类与保管

一、文物的分类体系

文物是指具有历史、艺术、科学、社会等学术价值，反映人类社会发展历程的物品或遗存。根据其性质和特点，文物有多个不同的分类体系。

（一）按照材质分类

文物的材质是指文物所使用的原材料的种类和性质，根据文物的材质可以将其分为多个类别。常见的文物材质包括瓷器、铜器、玉器、陶器、漆器、木器、纸质文物等。每种材质都具有独特的特点和保存方法，因此在保管和展示文物时，必须根据其材质特点来采取相应的保护措施，以确保其长期保存和展示的效果。

瓷器由高温烧制而成，质地坚实、表面细腻光滑。在保管和展示时，应注意防止瓷器的碰撞和摩擦，避免瓷器的破损。同时，由于瓷器的表面较为脆弱易碎，容易受到污染和氧化的影响，所以在展示过程中要避免直接接触瓷器，使用专门的展示支架或互相间隔的方式进行摆放，以减少对瓷器的损伤。

铜器韧性强、耐腐蚀。然而，由于铜器易受到氧化和化学反应的影响，导致其表面容易产生锈蚀和腐蚀，因此在保管和展示时需要采取相应的防护措施。一方面，应保持室内环境的稳定，避免高温、潮湿和强酸碱等条件，以减缓铜器的氧化速度。另一方面，可以在铜器表面涂抹保护剂，形成一层保护膜，以减少铜器与氧气的直接接触。

玉器质地坚硬、光泽细腻，同时其硬度高，但脆性也较大，容易发生断裂。因此，在保管和展示玉器时需要特别注意防止碰撞和摩擦，避免玉器发生破损。同时，由于玉器对环境湿度和温度较为敏感，容易受到氧化和腐蚀的影响，所以在保管过程中需要保持相对恒定的湿度和温度，避免过分干燥或潮湿的环境。

陶器具有质地疏松、透气性好等特点。在保管和展示陶器时应注意防止陶器碰撞和摩擦，避免破损。另外，由于陶器的质地较为疏松，容易吸湿和变形，所以在保管过程中需要注意相对湿度的控制，避免过高的湿度导致陶器表面软化和糊化。

漆器具有耐磨、耐酸碱的特点。然而，漆器对环境湿度和温度较为敏感，容易受到干燥和潮湿的影响，所以在保管和展示时需要保持相对恒定的湿度和温度。另外，在保管过程中应避免漆器长时间暴露在阳光下，以免漆层受到紫外线的照射而发生变色和剥落。

木器具有质地轻、易损等特点。在保管和展示木器时应注意防止木器虫蛀和变形。一方面，应保持室内环境的相对湿度和温度，避免过高或过低的湿度和温度导致木器受损。另一方面，可以在木器表面涂抹防虫剂，防止虫蛀。此外，应避免木器长时间暴露在阳光下，以免木材发生开裂和变形。

纸质文物是指以纸张制作的文物，如书籍、字画等。纸质文物具有质地脆弱、易损等特点。在保管和展示纸质文物时，应避免长时间暴露在阳光下，以免纸张受到紫外线的照射而变黄和变脆。另外，在保管过程中要注意相对湿度的控制，避免过高或过低的湿度导致纸质文物受损。此外，应采取适当的展示方式，避免纸质文物受到折叠、撕裂或损坏。

根据文物的材质进行分类是为了更好地保护和展示文物。每一种材质都有其独特的特点和保存方法，因此，在保管和展示时需要根据其特点进行相应的保护措施。只有正确地采取适当的保护措施，才能保证文物长期保存和展示，让观众更好地了解文物的历史和文化价值。

（二）按照功能分类

文物的功能分类是指根据文物的使用功能和用途进行的分类。根据功能的分类方式，文物可以被分为农具、生活器具、武器、乐器等不同类别。这样的分类方式侧重于文物的实际功能和用途，能够帮助人们更好地了解和理解文物所蕴含的历史和社会背景。

农具是指用于农业生产的工具和器具。农具的功能主要是为了辅助农民进行土地耕作和农作物种植。常见的农具包括犁、锄头、镰刀等。这些农具的设计和制作都与农业生产的特点和需求密切相关。在保管和展示农具时，需要注意保持其原始的使用状态和功能特点，尽量避免损坏和变形，以便更好地展示农业发展的历史和农民的生产技艺。

生活器具是指用于日常生活的工具和器具。生活器具的功能主要是满足人们的基本生活需求，如饮食、居住、穿着等方面。常见的生活器具包括碗、杯、锅、床、衣物等。这些生活器具反映的是人们的生活方式和生活水平。通过展示和研究这些器具，人们可以了解不同历史时期和文化背景下人们的生活习惯和传统生产技艺。

武器是指用于战争和防御的器械和工具。武器的功能主要是为了防御和攻击，用于战争和军事活动。常见的武器包括剑、刀、弓箭、盾牌等。展示和研究武器可以帮助人们了解战争和军事活动的历史和文化，揭示出不同时期和地域的战争技术和战略思想的发展和变革。

乐器是指用于音乐演奏和表演的器具和工具。乐器的功能主要是产生声音和音乐，用于娱乐、表演和宗教仪式等活动。常见的乐器包括琴、鼓、笛子、唢呐等。通过展示和研究乐器，人们可以了解不同文化和民族的音乐传统和演奏技艺，探索音乐在人类社会中的重要作用和影响。

功能分类方式能够更加全面地了解文物的历史和文化意义，突显文物的实际用途和社会功能。保管和展示文物时，需要根据其功能特点来采取相应的保护措施。例如，对于农具和武器等用具类文物，应保持其原始的使用状态和功能特点；对于生活器具和乐器等，要注重展示其文化内涵和丰富多样的功能。同时，要注意环境的稳定和气温的控制，避免湿度、温度和光线等因素对文物造成损害。

（三）按照历史时期分类

文物按照其产生或代表的历史时期进行分类，是一种常见的分类方式。通过历史时期的分类，可以更好地理解文物所蕴含的历史背景和发展变迁，推动历史研究和文物的学术研究。不同历史时期的文物承载着不同的历史记忆和文化符号，通过分类和研究，可以揭示出人类社会在不同历史时期的演变和变革。以我国历史为例，大致可分为以下几个时期的历史文物：

先秦时代：先秦时代是中国历史上的一个重要时期，从旧石器时代到公元前221年秦始皇统一六国之前。先秦时代的文物往往具有古老的历史和独特的文化特征，如青铜器、翠玉器等。通过对这些文物的分类和研究，人们可以了解先秦时期人类社会的发展和演变过程，揭示古代中国文化的源流和传承。

汉代：汉代是中国历史上的一个重要时期，大约从公元前 202 年到公元 220 年。汉代文物有丰富多样的特点，如陶俑、丝织品、汉墓壁画等。通过对这些文物的分类和研究，人们可以深入了解汉代社会的政治、经济、军事和文化等方面的发展和变化，揭示汉代文明的独特魅力和影响。

唐代：唐代是中国历史上的一个辉煌时期，大约从公元 618 年唐朝建立到公元 907 年唐朝灭亡。唐代的文物具有独特的艺术风格和文化内涵，如唐三彩、唐画、唐代陶瓷等。通过对这些文物的分类和研究，可以更好地了解唐代社会的繁荣和开放，揭示唐代文化的辉煌成就和对后世的深远影响。

除了先秦时代、汉代、唐代外，还有许多其他历史时期的文物也具有重要的历史意义和价值。例如宋代的青瓷、元代的蓝白瓷、明代的明式家具等，这些文物代表了不同历史时期的社会风貌、文化技艺和生活方式。通过对这些文物的分类和研究，可以更加全面地理解中国历史的发展轨迹和文化的多样性。

在保管和展示历史时期久远的文物时，需要采取相应的保护措施。首先，要注意环境的稳定和气温的控制，防止湿度和温度对文物的腐蚀和变形。其次，要合理布局和陈列文物，避免过于拥挤和摩擦，以减少文物的损坏。此外，要定期检查和保养文物，及时开展文物的维修和保护工作，确保文物在长期展示和存储过程中得到充分的保护和呈现。

（四）按照地域分类

地域分类是指根据文物的产地或代表地域进行的分类方式。通过按照地域分类文物，可以帮助人们更好地了解和比较各个地域的文化和艺术特点，促进跨文化的研究和交流。不同地域的文物承载着不同的历史记忆和文化价值。通过分类和研究这些文物，可以揭示人类社会在不同地域的发展和演变，推动文化的多样性和共同进步。

中国文物：中国文物代表了中国悠久的历史和独特的文化。中国文物丰富多样，包括了中国古代各个时期的艺术品、器物、建筑、文字等，如青铜器、瓷器、宫殿建筑、汉字等。通过对中国文物的分类和研究，可以深入探索中国古代文化的特点和传统，了解中国历史的延续和演变，同时也为世界文化的比较研究做出重要贡献。

埃及文物：埃及文物是指产自古埃及的文物，代表了古埃及的辉煌文明。埃及文物包括了埃及古墓、石碑、雕塑、壁画等，如金字塔、斯芬克斯像、法老墓等。通过对埃及文物的分类和研究，可以窥探古埃及文明的伟大成就和丰富内涵，了解古埃及的宗教信仰、社会制度以及艺术表达方式，对人类历史文化的发展起到了重要的推动作用。

欧洲文物：欧洲文物是指产自欧洲各个国家的文物，代表了欧洲丰富多样的文化遗产。欧洲文物包括了古代遗址、宫殿、教堂、绘画、雕塑等，如巴黎圣母院、达·芬奇《最后的晚餐》等。通过对欧洲文物的分类和研究，人们可以深入了解欧洲各个国家的历史、艺术和文化传统，探索欧洲文明的多样性和共同之处。

除了中国、埃及和欧洲文物之外，在世界各地还有许多其他地域的文物也具有重要的历史意义和价值。例如印度的泰姬陵、美洲的玛雅文物、非洲的萨赫勒岩画等，这些文物代表了不同地域和文化的特点和传统。通过分类和研究这些文物，人们可以更加全面地了解人类历史和文化的多样性和共通之处。

在保管和展示不同地域的文物时，需要注重文物的原汁原味和地域特色的呈现。保护措施要根据文物的材质和特点来确定，同时也要注意文物所处环境的稳定和安全。

二、文物的保管与养护

在博物馆中，文物的保管和养护是非常重要的工作，它关系着文物的安全和保存状态。以下将介绍一些保管和养护文物的基本措施和方法。

（一）环境保护

博物馆在保护文物时，应注重为其营造适宜的环境条件，包括温度、湿度和光照等方面。不同材质的文物对环境条件的要求也不尽相同，因此需要针对性地为它们提供适合的环境。

以纸质文物为例，由于纸张在温度和湿度变化下容易膨胀或收缩，所以必须控制环境中的湿度和温度。过高或过低的湿度，甚至是微小的温度波动，都可能对纸质文物造成不可逆转的损害。因此，博物馆应采取措施以确保环境湿度和温度的稳定性，避免对纸质文物的潜在威胁。

光照也是一个需要加以控制的因素。强烈的光线会导致文物颜色褪色和质地退化，因此需要采取光照控制措施，以保护文物的原貌和品质。博物馆可以采用红外线过滤器和保护罩等技术手段，降低光照强度，以减轻文物的暴露程度，同时保护光线对其造成的潜在危害。

除了纸质文物，其他材质的文物也有其独特的环境保护需求。例如，金属类文物容易氧化，所以需要控制环境中的氧气和湿度，以防止其腐蚀。陶瓷类文物对温度和湿度的稳定性要求较高，对环境变化非常敏感。有机类文物，如纺织品和木制品，对湿度和温度的变化也非常敏感，因此博物馆也需要为这些文物提供合适的环境。

为了保证文物的持久保存，博物馆还需要考虑到外部环境因素的影响。例如，气候变化、自然灾害和人为干扰等都可能对文物的完整性和保存状态造成威胁。在面临这些风险的情况下，博物馆应采取相应的措施，如加强建筑结构的稳固性、增加安全设施、加强监测和保护等。博物馆可以通过对建筑进行加固，如加强地基的稳固性和提高建筑物的抗震能力，以抵御自然灾害的影响。此外，安装监测设备，如温湿度计和光照计，可以实时监测环境参数的变化，及时发现并解决潜在的问题。

在确保环境保护的同时，博物馆还应考虑到公众参观的需求。公众的参观是博物馆的宗旨之一，因此必须在环境保护措施与文物展示的需求之间寻求平衡。博物馆可以采用透明、防紫外线的材料制作展柜，既能满足观众的视觉需求，又能保护文物不受光线的侵害。在展厅的设计上，博物馆应合理设置照明设备，既能展示文物的美感，又能控制光线的强弱，以达到舒适的观展体验。

（二）防灾防盗

为了保护文物的安全，博物馆需要采取一系列的防灾和防盗措施。第一，火灾是博物馆文物面临的一大风险，因此早期探测和迅速扑灭火源是非常重要的。博物馆应安装火灾自动报警系统，该系统能够及时发出警报，以便工作人员能够尽快采取行动。此外，博物馆还应采购消防设备，如灭火器、灭火器具，并安装灭火系统，以确保博物馆内部的火灾能够被及时控制和扑灭。

第二，水灾也是对文物造成巨大威胁的因素之一。博物馆必须安装自动泄水装置，以防止突发的水灾给文物造成损害。博物馆安装自动泄水装置，便可以在检测到水位异常时立即将水排出，避免水灾对文物的侵害。此外，博物馆还必须定期检查水管和防水设施，确保其运行正常，防止潜在的水灾风险。

除了防灾措施，博物馆还需要加强防盗措施，防止文物被盗窃。为了保护文物的安全，博物馆必须增加安保设施，并采取严密的监控措施。博物馆可以安装闭路电视监控设备，监测并录制博物馆内的活动，以便追踪和识别潜在的盗窃行为。此外，博物馆还应增派保安人员，加强对文物的巡视和保护。

为了提高防盗效果，博物馆还可以采取一些技术手段。可以在珍贵文物的展柜或收纳箱上安装防盗传感器，当文物被非法移动或触碰时，传感器会触发报警系统。此外，博物馆还可以使用特殊的标识和封条，以识别和防止复制品的出现，从而提高文物的防盗效果。

为了确保防灾防盗措施的有效性，博物馆还需要定期进行维护和检查。对于消防设备，例如灭火器和灭火器具，必须保持其完好，并定期进行维修和更换。监控设备也需要定期检测和维护，以确保其正常运行。博物馆还可以定期组织防灾和防盗演练，培训工作人员的应对能力，提高应急反应的效率。

（三）定期检查和保养

为了保护文物的完整性和保存状态，博物馆应定期对文物进行检查和保养，以发现潜在问题并及时处理。定期检查包括对文物的外观进行观察，检查是否存在破损、变形、腐蚀等情况。同时，博物馆还可以对文物的材质进行分析和检测，以了解其稳定性和保藏状况。

文物的外观检查是保养工作的重要环节。博物馆工作人员应仔细观察文物的各个部分，寻找可能的破损或变形迹象。对于有破损的文物，博物馆应采取相应的修复措施，如使用特定材料修补破损的部分，使其恢复原貌。同时，博物馆还需要紧密关注文物的腐蚀情况，例如金属文物的氧化程度、纸质文物的褪色程度等，及时采取措施防止进一步恶化。

除了外观检查，对文物材质进行分析和检测也是保养工作的重要内容。博物馆可以通过科学仪器和技术手段，了解文物内部结构和特性的稳定性。例如，利用 X 射线检测文物内部腐蚀情况或隐蔽的损伤；使用光谱分析仪器来分析文物材质的组成和性质等。通过这些分析和检测，博物馆可以更好地了解文物的保存状态，并制定相应的保养计划。

一旦文物出现损伤，博物馆应采取措施进行修复和保养。修复是修复文物物理性质和外观的过程，通常需要经过专业人员进行操作。博物馆应配备专业的修复团队，包括物理修复、化学修复和纺织修复等方面的专家。当出现破损或损坏的情况时，这些专家可以进行适当的修复处理，如填补破损部分、修复断裂、除去附着物等。

除了修复，博物馆还应加强文物的清洁和维护工作。保持文物的外表整洁是保养工作的重要环节，博物馆应做好文物的日常清洁工作。清洁时，需要特别注意选择合适的清洁剂和工具，以避免对文物造成损害。同时，博物馆还需要控制清洁频次，避免过度清洁或频繁移动文物，以减少潜在风险。

采取定期检查和保养措施，博物馆可以及时发现文物问题，并采取相应的措施防止进一步损害。保养工作不仅可以保护文物的完整性和保存状态，还可以延长其寿命，使其能够更长时间地展示和传承。因此，博物馆应将定期检查和保养工作视为文物保护的重要环节，并投入足够的人力和资源，确保文物得到有效的维护。

（四）合理的展览和储藏

博物馆在展览和储藏文物时，需要进行合理规划和设计，以确保文物得到良好的展示效果和保护条件。展览场馆的布局和环境应与文物的特点相适应，既要展现文物的艺术魅力，又要保护其保存条件和环境安全。

展览场馆的布局和环境应根据不同类型的文物进行合理设计。博物馆可以将展览空间划分为不同的区域，以便展示不同时期、地区或主题的文物。此外，还应考虑到观众的游览动线和便利性，为观众提供良好的观展体验。在布置展品时，博物馆应注意展示效果和文物保护之间的平衡，避免过度展示或暴露文物。

为了确保文物的展示效果和保护，展览场馆还需要提供适合的环境条件。例如，博物馆应控制展陈空间内的湿度和温度，以避免对文物的不可逆转的损害。对一些特殊材质的文物，如纸质文物和有机类文物，湿度和温度的控制尤为重要，可以采用恒湿恒温的展陈环境来保护它们。此外，光照也是需要注意的因素。博物馆应选择合适的照明设备和光照强度，以避免光线对文物的损害。

除了展览场馆，博物馆还需要合理规划和设计文物的储藏场所。储藏场所不仅需要满足文物的保存需求，还要便于文物的管理和保养。对于不同类型和材质的文物，博物馆应提供相应的存放设备。例如，金属文物和陶瓷文物可以使用专用的文物架和支架进行存放，以确保其稳定性和安全性。纸质文物可以使用酸性纸盒和酸性材料进行包装，以防止酸碱反应对文物造成损坏。此外，博物馆还应设立保密措施，限制对储藏区的访问，确保储藏区的安全性和文物的保密性。

储藏场所还需要定期进行巡视和保养工作。博物馆应定期检查文物的储藏环境，并做好必要的维护工作。定期检查文物架的稳固性，确保其支撑能力和安全性；对储藏区的温湿度等环境参数进行监测，并进行必要的调整。此外，博物馆还应制定文物的储藏管理制度，明确储藏人员的职责和操作规范，确保储藏工作的质量和效率。

（五）文物保管人员的培训

为了保护文物，博物馆需要培养和提供专业的文物保管人员。他们应具备相关的专业知识和技能，了解文物的特点和保护方法，并能够灵活运用各种技术和设备对文物进行保护和修复。

文物保管人员的培训是确保博物馆文物保护工作顺利开展的重要环节。他们应通过系统的培训课程，学习文物保护的基本理论和实践知识。

这包括文物的分类和鉴定、文物保护的原理和方法、文物修复与保养等方面的内容。培训课程还可以包括博物馆保护实践的案例分析和经验分享，以便让文物保管人员更加深入地了解文物保护的实际操作。

培训不仅包括理论知识的学习，还应注重实践操作的训练。博物馆应提供相关的实践实习机会，让文物保管人员亲自参与文物的保护和修复工作。通过实际操作，他们能够更好地掌握文物保护所需的各项技能，如操作保护设备、运用化学制剂等。此外，博物馆还可以与相关专业机构合作，组织专家讲座和研讨会，为文物保管人员提供进一步的学习和交流机会。

随着科技的不断发展，文物保护也得到了更多的辅助技术和设备的支持。因此，博物馆应确保文物保管人员了解并能够灵活运用各种技术和设备来保护文物。这包括使用光谱分析技术对文物材料进行分析、运用数字化技术对文物进行记录和保护、熟悉使用先进的文物保护设备等。博物馆应配备先进的保护设备，并为文物保管人员提供相应的培训，以确保他们能够熟练地操作和维护这些设备。

文物保管人员还应具备团队合作和沟通能力。文物保护工作往往需要多个专业人员的合作，他们需能够良好地与团队成员和其他相关人员合作，共同完成文物的保护工作。此外，他们还需要与观众和研究人员进行沟通，解答相关问题并提供专业的指导。

为了确保文物保管人员的培训与发展，博物馆应建立健全培养体系和评估机制。将培训纳入人员发展计划，为文物保管人员提供持续的学习和专业进修机会。同时，通过评估机制对文物保管人员的专业知识和技能进行考核，鼓励他们不断提升自己的能力。

三、博物馆藏品的管理制度

博物馆藏品的管理制度是博物馆为了保护、保存、展示和研究藏品而制定的一套规范和程序。一个完善的管理制度可以确保文物安全、有序和有效的利用，同时也是博物馆的基本运作体系。以下将介绍博物馆藏品管理制度的主要内容和要点。

（一）文物登记和编目制度

文物登记和编目制度是博物馆对藏品进行管理的基础。为了确保对馆藏文物的全面了解和有效管理，博物馆应该建立完善的系统，对每件藏品进行登记并详细记录其基本信息、流转情况和状态等重要信息。

文物登记是指将每件文物纳入博物馆的管理范围并进行记录的过程。登记时需要填写的基本信息包括文物的名称、年代、材质、尺寸等，这些信息有助于确立文物的身份和价值。此外，还需记录文物的来源，即从哪里获取的，以便追溯文物的历史渊源。登记时还应有流转情况的记录，包括文物的流入和流出的时间、流转的原因等，方便掌握文物的历史轨迹和流转情况。

编目制度是对馆藏文物进行分类和说明的过程。每件文物被分配一个唯一的编号，方便管理和查询。编目时需要对文物进行详细的说明，包括文物的特点、历史背景、重要意义等。此外，还需要对文物进行分类，将文物划分为不同的类别和子类别，便于对馆藏文物进行整体把握和分类管理。例如，可以将文物按照年代、地区、功能等进行分类。编目制度有助于提高文物的管理效率，使馆藏文物的信息更加清晰明确。

在建立文物登记和编目制度的过程中，需要注意几个关键点。首先，要确保登记和编目的准确性和全面性。每次登记和编目都应细致入微，尽可能获得准确的信息。其次，要确保文物在登记和编目过程中的安全。文物是博物馆的宝贵之物，应妥善保护，避免在登记和编目过程中损坏或遗失。另外，还要充分利用现代技术手段，如数据库和信息管理系统，来支持文物登记和编目工作。这些工具能够提高工作效率和准确性，便于管理和查询文物信息。

文物登记和编目制度对博物馆的管理具有重要意义。首先，它能够保证文物的安全和完整性。通过登记和编目，可以掌握文物的流转情况，确保文物在博物馆内部的安全，减少文物被盗或遗失的风险。其次，登记和编目可以提高文物的管理效率。博物馆收藏大量文物，通过建立系统化的登记和编目制度，可以方便管理人员对文物进行查询、借阅和展览安排等操作，提高工作效率，节省时间和精力。最后，登记和编目还有助于提升博物馆的学术价值和知名度。通过详细的描述和分类，可以让公众更加全面地了解和欣赏馆藏文物，增加博物馆的影响力和吸引力。

（二）防护制度

博物馆应当建立完善的文物防护制度，以确保文物的安全和完整。这个制度包括对文物库房、展陈场馆和储藏设施的安全措施，诸如防盗、防水、防火等。同时，博物馆还需要制定规范的操作流程和文物移动登记制度，以保障文物在流转过程中的安全性。

文物防护制度是博物馆维护文物安全的基础。首先，对文物库房的安全防护至关重要。博物馆应当采取物理和电子安全措施来防止文物被盗。例如，在库房门窗上安装报警器、监控摄像头等设备，定期巡查库房，并建立安全巡逻制度。博物馆应当制定严格的出入库控制措施，确保只有授权人员才能进入文物库房，并在进出库时进行登记记录，以便追溯文物的流转情况。其次，对展陈场馆的安全防护也是非常重要的。博物馆需要制定规范的展览布展和陈设方案，确保文物在展览过程中的安全。例如，展品应当稳固地放置在展柜或展架上，防止意外碰撞导致损坏。展馆还应当具备防火、防水等设施，以应对突发情况。同时，应当加强展馆的监控和安全巡检，及时发现并处理安全隐患。

最后，博物馆还应当建立规范的操作流程和文物移动登记制度。在文物流转过程中，必须确保文物的安全。博物馆应当制定文物移动的操作规程，明确文物移动的流程、责任和安全要求。文物移动时应当进行详细的登记，记录文物的名称、编号、移动时间、责任人等信息。严格的文物移动登记制度可以提高文物移动的安全性，减少文物损失和遗失的风险。

对于博物馆来说，文物的安全与完整是最重要的。只有建立起完善的文物防护制度，才能确保文物在博物馆内得到妥善保护。文物的丢失或损坏不仅对文化遗产造成严重损失，更对博物馆的声誉和社会形象带来负面影响。因此，博物馆应当高度重视文物防护工作，投入足够的资源和精力来实施防护措施。此外，在建立文物防护制度的过程中，博物馆还应当积极借鉴国内外的最佳实践和先进技术，不断提高自身的文物防护能力。

（三）文物的保养和修复制度

文物的保养和修复制度对于博物馆来说至关重要。为了确保文物的长期保存和完好无损，博物馆应该建立起相应的保养修复制度，以定期保养和及时修复文物。这个制度包括对文物的清洁和维护以及对受损部分的修复和保护。为了顺利开展保养修复工作，博物馆必须配备专业的文物保养和修复人员，以确保文物良好的保存状况。

第一，博物馆应当定期进行文物清洁和维护工作。文物在展陈和存储的过程中，难免会遭受粉尘、污垢等的侵蚀，甚至有可能滋生细菌和虫蛀。因此，博物馆需要定期清洁文物，采取适当的方法和工具进行清扫和除尘。此外，博物馆还应该定期检查文物的保存环境，如温湿度、光照等，以确保文物不受环境因素的破坏。

第二，博物馆还应当制定文物修复和保护的规范和流程。文物在长时间的保存和展览过程中，可能会出现损坏、断裂或腐蚀等情况。当发现文物出现问题时，博物馆应该及时采取措施进行修复和保护。博物馆需要配备专业的修复人员，他们要具备专业知识和技能，能够准确识别文物的损伤类型，并采取适当的修复方法。修复工作应该遵循科学严谨的原则，尽量保持文物的原始特征和历史痕迹。

第三，文物的保养和修复工作需要严格的管理和监督。博物馆应该建立完善的文物保养和修复档案，对每件文物的保养状况、修复记录等进行详细记录，以追溯文物的修复历史。此外，博物馆还应当建立起文物保养和修复的定期检查制度，定期对文物进行检查和评估，以及时发现并处理文物的问题。

对于博物馆来说，文物的保养和修复工作不仅是对文物的尊重和呵护，也是博物馆的责任和使命。只有做好文物的保养和修复工作，才能保证文物的长期保存和观赏价值。而文物保养和修复制度的建立和落实则是实现这一目标的关键。博物馆要加强文物保养和修复人员的培训和专业能力的提升，提供必要的设备和工具，为他们的工作提供有力的支持。同时，还要加强文物保养和修复的宣传和教育，提高公众对文物保护工作的重视和参与度。

（四）捐赠和收购制度

博物馆在获取藏品时必须遵循一定的规范和程序，建立捐赠和收购制度。捐赠制度要求博物馆对捐赠人进行登记和感谢，并对捐赠的文物进行鉴定和评估。收购制度要求博物馆进行专业的鉴定和评估，确保收购文物的合法性和真实性。

捐赠制度是博物馆获取藏品的一种重要方式。为了确保捐赠过程的透明和合规，博物馆应当建立起捐赠登记制度。这意味着博物馆需要将捐赠人的信息进行详细记录，包括捐赠人的姓名、联系方式和捐赠的文物信息等。这不仅有助于对捐赠人感谢和关注，更能保障所捐赠文物的来源和有效性。博物馆在接收捐赠文物时需要进行鉴定和评估。博物馆应当配备专业的鉴定人员，确保对捐赠文物的真实性和价值进行准确评估。鉴定工作的目的是确认文物的真实性和历史价值，以保证其适合展示和保存在博物馆中。博物馆在鉴定过程中应当采用科学的鉴定方法和设备，确保鉴定结果的准确性。

收购制度是博物馆获取藏品的另一种重要方式。博物馆在进行收购时必须遵循相应的法律和规定，确保收购的文物具有合法性和真实性。博物馆应当加强与文物市场监管部门的合作，了解文物市场的动向和信息。博物馆需要配备专业的鉴定人员，进行对文物的详细评估和鉴定，以确保收购的文物具备展示和保存的价值。在收购过程中，博物馆需要与卖家进行充分的沟通，了解文物的来源、历史以及前任持有人的相关信息。将会议记录和购买合同等文件作为文物收购的重要依据，确保文物的合法性和真实性。此外，博物馆还应当建立起文物收购的评估和决策机制，实现收购工作的科学决策和高效运行。

博物馆在捐赠和收购制度的建立过程中需要注意保障工作的透明性和合法性。捐赠和收购的文物涉及公共利益和文化遗产的保护，因此必须遵循相关的国家和地方法律法规。博物馆需要制定相应的捐赠和收购规章制度，明确操作流程和相关责任，并严格遵照执行。

（五）出借和调配制度

博物馆的藏品可以通过出借和调配的方式用于展览和研究，从而更好地丰富展览内容和促进学术研究。为了确保藏品的安全和合理利用，博物馆应该建立相应的出借和调配制度，明确出借和调配的流程和条件。

出借制度是指博物馆将自己的藏品借给其他博物馆、机构或个人进行展览或学术研究的过程。博物馆应当制定详细的出借流程和条件。出借前，必须对要出借的藏品进行全面的鉴定和评估，确保其在展览或研究中的合适性和安全性。同时，博物馆需要制定出借合同，明确双方的权益和责任，以确保出借的合法性和顺利进行。

调配制度是指博物馆内部将藏品从一个展览区域调配到另一个展览区

域的过程。博物馆应当根据自身的展览需求和研究计划，制订调配计划和流程。博物馆还应当建立起调配记录和文档，以便追溯每件藏品的调配历史。

在建立出借和调配制度的过程中，博物馆需要考虑几个关键因素。首先，博物馆应当确保出借和调配的决策是基于对藏品的深入研究和全面评估的基础上。出借和调配的藏品必须符合博物馆的展览和研究需求，同时保证藏品的安全和完整。其次，博物馆应当加强与其他博物馆和机构的合作和交流，共同制定出借和调配的标准和规定。这有助于加强行业内的专业交流与合作，提高出借和调配工作的质量和效率。

出借和调配制度对于博物馆的发展具有重要意义。首先，通过出借和调配，博物馆的藏品可以参与更多的展览和学术活动，丰富了博物馆的展览内容，增加了观众的参与度和互动性。其次，出借和调配可以促进不同博物馆之间的合作与交流，推动文化遗产的保护和传承。最后，藏品的出借和调配也有助于提高博物馆的学术声誉和知名度，进一步增加博物馆的影响力和吸引力。

（六）结对管理制度

为了确保藏品的有效管理和保护，博物馆应该建立结对管理制度。这一制度指定每件藏品由专人负责，负责人需要定期对文物进行检查和保养，并及时报告文物的变化和存在的问题。

结对管理制度是博物馆管理藏品的一种重要方式。每个负责人负责特定的藏品或一组相关藏品，并对其进行全面的管理和保护。负责人要了解自己负责的藏品的特点、历史和价值，并熟悉藏品的保存环境和陈列展示要求。负责人需要定期对所负责的藏品进行检查和保养。检查的频率可以根据藏品的特性和保存状况来确定，一般情况下是每季度或每年进行一次全面检查，以确保藏品的安全和完整。在检查过程中，负责人需要仔细观察藏品的表面、结构和材料状况，确保没有出现破损、腐蚀或其他损害情况。如果发现任何异常情况，负责人需要及时采取措施进行修复和保护，或向专业人员寻求协助。

负责人还需要定期对文物进行保养。保养工作包括对文物的清洁、防潮、防尘等。具体保养措施应根据文物的材质和特点来确定，以确保文物的保存状况。负责人需要熟悉文物保养的专业知识和技能，选择和使用合适的保养材料、工具和方法。保养工作的目的是延长文物的寿命，保持其原始特征和价值。

结对管理制度还要求负责人及时报告文物的变化和问题。负责人需要记录文物的变化、损坏或其他问题，并及时向上级管理者或相关部门报告。这有助于其他人员了解文物的现状和问题，及时采取措施对文物进行修复和保护。此外，博物馆还可以利用信息化管理系统或其他工具来记录和管理文物的变化和问题，以便更好地实施结对管理制度。

结对管理制度的建立和实施能够有效保护和管理藏品。通过指定专人负责，可以确保每件藏品都得到细致的管理和关注。负责人定期的检查和保养工作可以及时发现文物的问题，采取措施进行修复和保护。及时报告变化和问题的机制有助于加强对文物的整体监控和管理。

（七）监督检查制度

为了确保管理制度的执行情况和效果，博物馆应定期开展监督检查。检查的内容包括对文物的保存状态、管理记录的完备性和准确性、保护措施的落实情况等方面进行全面评估。通过监督检查，博物馆可以及时发现问题，并采取相应的措施进行改进。

监督检查制度是博物馆进行自我管理和监督的重要手段。通过定期组织检查，可以对博物馆的运行情况进行全面的评估和检验。这有助于发现潜在问题和不足之处，并及时采取措施进行改进和弥补。

监督检查应涵盖多个方面，其中包括对文物的保存状态进行评估。检查人员需要对藏品的表面、材质和结构等进行仔细观察和评估，判断藏品是否存在破损、腐蚀、腐朽等问题。检查人员还需要检查文物的保存环境，如温湿度、光照等参数的控制是否符合要求。

此外，监督检查还需要评估管理记录的完备性和准确性。管理记录包括文物的登记记录、流转记录、保养记录等。检查人员需要对这些记录进行全面审查，确保记录的翔实准确，没有遗漏和错误。这有助于了解文物的流转情况和管理状态，及时发现和解决管理工作中存在的问题。

保护措施的落实情况也是监督检查的重要内容。博物馆需要对防盗、防火、防水等保护措施进行检查和评估。检查人员需要验证这些保护措施是否得到有效落实，并根据实际情况提出改进建议。如发现保护设施或措施不完善，博物馆应及时采取措施进行修复和加强。

监督检查的目的是促进博物馆的进一步发展和提高管理水平。通过检查发现问题和不足，博物馆可以及时采取措施进行改进和弥补。检查结果还可以作为博物馆与相关部门和组织进行沟通和交流的依据。监督检查的意义不仅在于发现问题，更在于推动博物馆的自我管理和提高。

为了确保监督检查的公正和客观，博物馆应当建立科学、严谨的检查程序和制度，并组织专业人员进行检查工作。博物馆还应当对检查结果进行详细记录和整理，为进一步改进工作提供参考。

第二章　博物馆文物的价值

一、博物馆文物的文化价值

博物馆文物的文化价值不仅仅体现在它们丰富的文化内涵上，更是在于它们作为一个国家、一个民族以及一个地区的历史、文化和传统的代表。这些文物不仅承载了过去的记忆和岁月的痕迹，也是文化传承的重要载体。通过展出、研究和传承这些文物，人们可以更加深入地了解本土文化，提升自身的文化素养。

首先，博物馆文物的文化价值体现在它们所承载的历史。这些文物记录了国家、民族和地区的发展、演变过程，为我们还原了过去的生活方式和社会制度。例如，古代的器物、服饰、建筑等文物，让我们可以窥探古人的生活方式和审美观念。历史文物的保存和展示，不仅让人们对过去的历史把握得更加真实，也让我们对今天的社会和文化有更深层次的思考。

通过了解历史，人们可以更好地把握现在的文化发展和社会进步的方向。

其次，博物馆文物的文化价值还体现在它们所承载的民俗方面。不同地区、不同民族的文物展示出了各地独特的风土人情和传统习俗。比如中国的传统节日文物、少数民族的传统服饰文物等，都展示了当地特有的民俗文化。这些文物鲜明地反映了人们的信仰、生活习惯和传统价值观，让我们能够更好地了解和尊重不同民族的文化。通过传承这些民俗文物，我们不仅可以保护和传承自己的文化，也可以促进文化交流和民族融合。

最后，博物馆文物的文化价值还体现在它们所承载的宗教方面。宗教文物是人们宗教信仰的具体表现，它们反映了人们的信仰方式、祭祀仪式和宗教思想。比如寺庙的佛像、教堂的圣像等，都是宗教文物的代表。这些文物不仅是信仰的象征，更是人们心灵的寄托。通过展示这些宗教文物，人们可以更好地了解不同宗教信仰的起源和发展，增进对不同宗教文化的理解和尊重。同时，宗教文物的保存和传承也有助于传承人们的信仰，维护社会的宗教和谐。

二、博物馆文物的学术价值

博物馆文物的学术价值不仅体现在它们所具有的独特的历史和艺术价值上，更在于它们为学者们研究和探索古代文明提供了重要的材料和依据。这些文物以其独特的形态和内涵让学者们得以对过去的历史、艺术和制度进行深入的研究和了解，为我们揭示出古代社会的发展轨迹和人类智慧的辉煌。

第一，博物馆文物对于历史研究具有重要意义。通过研究文物中所蕴含的历史信息，学者们能够还原过去社会的方方面面。例如，古代的器物、器具以及文物中的文字、纹饰等都能够为历史学家提供宝贵的资料和线索，帮助他们还原过去的社会生活、政治制度和经济环境。通过对这些文物的系统研究和分析，可以更加全面地了解古代社会的发展脉络和历史进程。同时，博物馆以其丰富的藏品和广泛的历史背景，为学者们提供了一个宝贵的资源和研究平台，促进了历史学术研究的深入发展。

第二，博物馆文物对于艺术研究有着重要的意义。博物馆收藏的各类艺术品可以让学者们从中窥探古代艺术思想和创作技巧的发展过程。例如绘画、雕塑和陶瓷等艺术品的展示，不仅展现了古代艺术家的才华和创造力，也为我们提供了审美和观念的参考。通过研究这些文物的风格、技法和主题等方面，学者们可以对古代艺术的发展、流派形成和审美观念进行深入探讨。博物馆为学者们提供了一个共享和交流的平台，可以让他们对艺术研究进行广泛的讨论和深入的探索。

第三，博物馆文物对于制度研究也具有重要意义。古代文物中所体现的制度，如政治制度、法律制度、经济制度等，都能够为学者们提供一系列重要的研究对象。通过对这些文物的研究，学者们可以了解古代社会的组织形式、权力结构和社会关系等。例如，博物馆中收藏的古代法典、官署文物等，可以让学者们了解到古代社会的法律体系和政治制度的运行方式。通过对这些制度文物的分析和比较，可以对古代社会的政治、经济和文化发展进行深入研究，揭示出古代社会的制度演变和社会变革的规律性。

此外，博物馆的研究机构和学术交流活动为学者们提供了一个共享资源和合作研究的平台。博物馆的研究机构通过对文物的分类、整理和研究，为学者们提供了丰富的学术资源。学者们可以在这些机构中借助专业团队的帮助，进行深入的研究和分析。此外，博物馆也经常举办学术交流活动，如学术研讨会、讲座和展览等，为学者们提供了一个互相交流和分享研究成果的机会。通过这些学术交流活动，学者们能够互相启发和借鉴，共同推动相关学科的发展和进步。

三、博物馆文物的艺术价值

博物馆是一个汇聚了人类历史与文化的殿堂，陈列着无数珍贵的文物。在这些文物中，包含了大量具有非凡艺术价值的艺术品，它们见证了古代艺术的辉煌，成为历史的瑰宝。博物馆中的这些艺术品，以其独特的魅力和深厚的文化内涵，吸引了成千上万的观众和研究者的目光。

博物馆中的绘画作品堪称艺术史上的瑰宝。这些绘画作品，既有中国传统画院的佳作，也有西方文艺复兴时期的杰作。它们以其精湛的技艺、独特的艺术风格和丰富的表现手法，展现了不同时代、不同地域的艺术特色。观众在欣赏这些绘画作品时，不仅可以感受到艺术家们高超的绘画技巧，还可以深入了解其背后的历史背景和文化内涵。这些绘画作品不仅具有艺术价值，更是历史的见证，帮助我们更好地了解和传承人类艺术文明。

博物馆中的雕塑作品同样具有极高的艺术价值。这些雕塑作品，包括古代石雕、木雕、铜雕等，展现了各个时期艺术家们的独特审美和创作理念。它们以鲜明的个性和独特的艺术风格，彰显了人类艺术的丰富多样性。在博物馆中，观众可以近距离欣赏这些雕塑作品，感受艺术家们精湛的雕刻技艺和丰富的想象力。同时，通过对雕塑作品背后历史文化的研究，我们可以更好地了解人类社会的发展和变迁，为现代艺术创作提供源源不断的灵感。

陶瓷和瓷器也是艺术价值极高的文物。我国自古以来就有"瓷器之国"的美誉，博物馆中的瓷器作品既包括了宋代哥窑、钧窑等著名窑口的珍品，也有明清时期的瓷器佳作。这些瓷器以其优美的造型、精致的工艺和丰富的纹饰，展现了我国陶瓷艺术的独特魅力。在国际文化交流中，瓷器成为代表我国文化的"名片"，让世界了解了中国传统艺术的博大精深。博物馆通过展示这些瓷器作品，让更多人了解和传承我国陶瓷艺术，同时也为现代陶瓷艺术家提供了学习和创新的榜样。

金银器也是博物馆文物中艺术价值的一部分。这些金银器作品，既有古代皇家的御用之物，也有民间的艺术品。它们以其精湛的工艺、华丽的设计和丰富的寓意，展现了古代金银器的艺术风貌。在博物馆中，观众可以一睹这些金银器的风采，感受古代艺术家们的匠心独运。同时，通过对金银器背后历史文化的研究，我们可以更好地了解我国古代社会的风俗习惯和审美观念，为现代艺术创作提供丰富的素材。

四、博物馆文物的经济价值

博物馆文物不仅具有丰富的文化、学术和艺术价值，还具有重要的经济价值。博物馆通过展览和保护文物，能够吸引大量的观众和游客，创造巨大的经济效益。此外，博物馆文物还能带动相关产业的发展，促进文化旅游的繁荣，助力地方经济的增长。

首先，博物馆作为一个文化旅游的重要目的地，可以吸引大量观众和游客前来参观。博物馆的收藏和展览品种多样，涵盖了不同文化和历史背景的文物，能够满足不同人群的需求。观众可以通过参观博物馆，亲身感受文物所散发出的独特魅力和历史厚重感。这不仅能够满足人们对于文化知识和艺术欣赏的需求，还能够增加人们的旅游体验和娱乐需求。这样可以促进文化旅游业的繁荣，为城市和地区带来可观的经济收入。

其次，博物馆文物的展览和推广活动能够创造就业机会，促进相关产业的发展。为了更好地展示和保护文物，博物馆需要拥有专业的人才团队，包括策展人、文物修复师、导游等。这些专门的人才需求创造了大量的就业机会，推动了相关行业的发展。同时，博物馆文物的推广活动，如展览、讲座、培训等，也需要各类专业人员的支持，这样就为相关产业提供了更多的就业机会。这不仅带动了文化产业的繁荣，还推动了相关产业链条的发展，如设计、印刷、旅游接待等，为城市和地区的经济做出了积极贡献。

再次，博物馆文物的保护和展览也可以带动当地旅游业的发展，促进地方经济的增长。博物馆可以作为一个重要的文化旅游景点，吸引大量的游客和观众。这些游客不仅会在博物馆门票上花费，还可能在当地的餐饮、住宿、交通等方面进行消费。旅游业的发展不仅可以创造就业机会，还能够促进当地服务业、零售业等产业的繁荣。同时，游客的流动还能够推动当地基础设施的建设和改善，提升城市和地区的形象和品牌价值，进一步促进地方经济的增长。

最后，博物馆文物的展览和推广活动可以带动文化创意产业的发展，促进经济转型和升级。随着社会的进步和观众需求的多样化，博物馆展览和推广活动也逐渐融入了创意和科技元素。比如通过虚拟现实、数字化展览等技术手段，博物馆将文物以全新的方式呈现给观众，提供更丰富的观赏体验。这不仅为文化创意产业注入了新的发展动力，还促进了科技和文化的交融。同时，博物馆文物的创意复制和衍生产品也成为文化创意产业的重要组成部分，如文创产品、纪念品等。这些衍生产品不仅丰富了观众的消费选择，还为当地经济带来了新的增长点。

五、博物馆文物的教育价值

博物馆文物具有丰富的教育价值，它们不仅是教育资源的宝库，也是广大师生进行学习和教育的场所。通过展览、解说、导览等形式，博物馆能够引导人们了解历史文化、培养审美观念、提升综合素养等。博物馆展示的文物既能够满足师生的学术需求，也能够丰富课堂教学的内容，为师生提供一个实践性、互动性和丰富多彩的学习环境。

第一，博物馆文物具有直观教育效果。相比于书本上的描述和图像，博物馆的文物展示能够让人们目睹历史的痕迹和文化的精华。通过实物的展示，观众可以更加直观地感受到文物的形态和特征，进而更好地理解相关的历史和文化知识。对于学生来说，通过观看博物馆中的文物展品，他们能够更加深刻地理解课本中的知识，将抽象的概念转化为具体的形象，加深记忆和理解。

第二，博物馆文物能够激发观众的学习兴趣和好奇心。博物馆展览常常通过生动的视觉效果和多媒体技术，为观众呈现出生动、有趣的场景。

这种多样化的展示手法能够吸引观众的注意力，激发他们的学习兴趣和好奇心。学生们在博物馆中不仅可以欣赏到精美的文物，还能够通过互动展品、游戏式体验等方式，充分参与其中，获取知识的同时，增加了学习的趣味性和参与度。

第三，博物馆也为学生提供了一个实践教学的机会。课堂教学和书本知识固然重要，但很多知识只有在实践中才能够真正理解和掌握。博物馆作为一个具体、实际的场所，为学生提供了实践性学习的环境。学生们可以亲自触摸、观察文物，通过自己的亲身经历，更好地理解和掌握知识。比如，学生们可以通过实地参观博物馆中的展览，感知不同文化之间的差异和联系，培养跨文化交流和理解的能力。

第四，博物馆文物还能够加强学生的团队合作和交流能力。在博物馆中，学生们可以结成小组，进行文物观察和研究。他们可以共同探索文物的历史背景、审美价值和文化内涵，进行思考和讨论，培养团队合作和交流能力。同时，博物馆也经常举办学术讲座、研讨会等活动，学生们能够与专家学者面对面交流，深入了解文物研究的方法和技巧，进一步提升自己的学术能力和综合素养。

六、博物馆文物的社会价值

博物馆文物作为社会的宝贵财富，具有丰富的社会价值和深远的影响力。

首先，博物馆承担着传承文化的重要使命。文物是一国的历史和文化的见证，保存着一代又一代人的智慧和心血。博物馆作为文物的"寄托所"，通过对文物的收藏、研究和展示，将历史的宝藏传递给后代，并通过展览、教育活动等方式向公众传达文物的历史价值和文化内涵。这不仅有助于激发人们对历史文化的兴趣和热爱，更重要的是使人们对自己的历史和文化有更深入的了解和认识。

其次，博物馆还承担着弘扬传统文化的任务。传统文化是一个民族的精神血脉，是一种独特的文化符号，具有不可替代的价值。博物馆通过对传统文化的研究和展示，使人们重温传统文化的魅力和深厚底蕴，增强社会对传统文化的自豪感和认同感。同时，博物馆还可以通过举办传统文化展览和活动，传授传统技艺和礼仪，使年轻一代能够了解、学习、传承和发扬传统文化，确保传统文化的繁荣和传承。

再次，博物馆还注重强调文明共存和文化多元的观念。在当今世界多元化的社会背景下，不同文化之间的交流和融合显得尤为重要。博物馆通过举办跨文化展览和国际交流活动，促进不同文化之间的相互了解和研究，减少文化冲突和误解，增进各国之间的友谊和合作。博物馆的这种角色不仅为社会的和谐稳定做出了重要贡献，同时也为国际间的文化交流和合作提供了宝贵的平台。

　　最后，博物馆还是社会教育的重要场所和资源。博物馆通过展览和教育活动，向公众传达历史和文化知识，帮助人们树立正确的历史观和文化价值观，提高公众的文化素质和历史意识，推动社会的进步和发展。

　　博物馆的教育功能可以激发人们的求知欲望，培养人们的创造力和思考能力，培养公民的社会责任感和文化自觉，推动社会公民的全面发展。

第三章 文物的陈列与展示

一、文物陈列的设计与布局

文物陈列是博物馆展示文物的一种重要方式，它既是利用文物进行教育宣传的手段，也是保护文物的一种手段。文物陈列的设计与布局是将文物展示出来并向观众传达信息的重要环节，合理的设计与布局可以让观众更好地理解和欣赏文物。

在进行文物陈列的设计与布局时，需要考虑以下几个方面：

（一）主题与目标

一个明确的主题能够为文物陈列提供方向和重点，使其展示更具有连贯性和吸引力。例如，选择某个历史时期作为主题，可以帮助观众更好地了解该时期的文化特点、社会背景和历史演变。这样的陈列能够通过文物的有机组合和展示方式，将观众带入特定的历史时期，让他们感受到那个时代的氛围和精神。

　　文物陈列的目标也是至关重要的。不同的目标需要通过不同的展示手段和设计方式来实现。教育观众是文物陈列的常见目标之一。通过陈列中的文物、图文解说和互动体验等方式，观众可以更全面地了解文物的历史背景、文化意义和艺术价值，增强他们对历史文化的认知与欣赏。传递文化信息是另一个目标。文物作为文化的载体，通过其独特的物质性和历史性，可以传递丰富而深远的文化信息。陈列中的文物应该通过合适的展示方式，展现其独特魅力和文化意义，传递给观众更多深层次的文化信息，促进文化的传承与发展。展示学术研究成果也是一项重要目标。文物陈列不仅仅是展示文物本身，还应该展示背后的学术研究成果和学术观点。通过陈列中的文物、文字介绍以及学术研究成果的展示，观众可以了解到最新的学术研究成果，获得更加深入的文化解读和认知。这种展示方式可以提高观众对历史文化的研究兴趣和学术素养。

　　明确的主题与目标有助于文物陈列的设计与布局。设计师可以根据所选择的主题与目标，合理安排文物的展示顺序、布局方式和展示手段。如果主题是某个历史时期，可以根据时间线有序地展示相关文物，让观众能够更好地理解那个时期的历史变迁和文化发展。如果目标是教育观众，可以通过互动展示、多媒体解说和参与性体验等方式，提供更加直观、生动的教育效果。如果目标是传递文化信息，可以通过精心选择的文物和展示方式，将文化内涵传递给观众。如果目标是展示学术研究成果，可以通过文字解说、学术论文和专家讲座等方式，呈现最新的研究成果和学术观点。

明确的主题与目标是文物陈列设计与布局的基础。只有在明确的主题和目标的指导下，设计师才能有效地选择和组合文物，运用合适的展示手段和布局方式，使观众得到更深入、全面的文化认知和学术研究成果，从而提升他们的文化素养和审美水平。

（二）空间利用

在博物馆的运营和管理中，展厅空间利用是一项至关重要的任务。博物馆的展厅空间往往是有限的，因此在进行文物陈列设计时，如何合理利用空间资源，最大程度地展示文物的价值，成为设计师们关注的焦点。在这个过程中，充分考虑文物的特质和观众的观赏需求，是实现空间利用最大化的关键。

首先，设计师要了解文物的特性，包括大小、重量、材质等因素。这些特性将直接影响文物陈列的方式和展示效果。例如，对于体积较大、重量较重的文物，设计师可以选择使用独立的展台进行展示，以确保文物的稳定性和安全性。而对于轻便、易损坏的文物，则可以选择使用透明的展柜，既能保护文物，又能让观众清晰地观赏到文物的细节。

其次，设计师要关注文物的展示方式。在陈列设计中，不仅要考虑文物的摆放方式和布局，还要关注文物之间的相互关系和联系。通过合理的布局，可以将文物的历史背景、文化内涵和艺术特点进行有机结合，让观众在欣赏文物的过程中，更好地理解其背后的历史和文化。

观众的需求和观赏角度也是空间利用的重要因素。在文物陈列设计中，要充分考虑观众的角度，使文物能够从不同角度被观众欣赏。这包括文物的正面、侧面、上下等多个角度。通过多角度展示，可以激发观众的好奇心和探索欲望，提高展览的吸引力。

（三）叙事性

文物陈列的叙事性是不可或缺的，它是指在展览中通过巧妙的布局和有序的陈设方式，向观众展现一幅历史或文化的画卷，使他们能够深入了解文物所承载的丰富内涵和价值。为了实现这一目标，文物陈列必须注重故事线的构建，将展品有机地串联起来，让观众在欣赏过程中感受到历史的脉络和文化的发展。

文物陈列的叙事性体现在对历史事件的呈现上。通过对不同时期、不同地域的文物进行有序排列，展览可以讲述一段完整的历史进程。以中国古代瓷器为例，从商周时期的原始青瓷到东汉时期的成熟青瓷，再到唐代的繁荣和宋代的发展，最后进入明清时期的巅峰，展览可以按照时间顺序展示瓷器的演变过程，让观众了解到我国瓷器文化的源远流长。

文物陈列的叙事性还表现在对文化内涵的挖掘上。一件文物往往承载着丰富的文化信息，通过对文物背景、制作工艺、历史传承等方面的介绍，展览可以向观众揭示文物所蕴含的文化内涵。例如，在展示一件古代书画作品时，除了介绍作者、创作背景外，还可以详细解析作品的构图、笔法、意境等，让观众领略到中国传统书画艺术的魅力。

文物陈列的叙事性还体现在对人类文明成果的展示上。文物是人类历史发展过程中的重要见证，它们反映了各个时期、各个领域的文明成果。通过文物陈列，观众可以了解到世界各国的文明发展历程，从而增进对人类文明的认知。例如，在中国国家博物馆的"世界文明展"中，观众可以欣赏到来自世界各地的珍贵文物，感受不同文明的独特魅力。

在实现文物陈列叙事性的过程中，展览布局和陈设方式尤为重要。合理的布局可以营造出一种时空交织的氛围，引导观众逐步深入了解历史和文化。有序的陈设方式则有助于展示文物之间的关联性，使观众在欣赏过程中更容易把握故事线。

（四）互动性

为了增强观众的参与感和互动性，在文物陈列中引入互动的展示方式是一项关键策略。通过设置触摸屏、虚拟现实技术等互动方式，观众可以更深入地了解文物，增加他们的观赏乐趣。这种互动性的引入不仅能够丰富观众的体验，也有利于促进观众的学习和参与。

触摸屏技术是一种常见的互动展示方式。通过触摸屏展示文物的图像、文字和视频，观众可以自主选择感兴趣的文物进行了解。触摸屏可以提供更多的信息呈现方式，如多角度展示、放大细节、提供图文解说等功能，使观众更加全面地了解文物。观众可以通过触摸屏选择不同的内容，根据自己的兴趣和需求深入学习，提升参观体验。

虚拟现实技术是一种新型的互动展示方式。通过戴上 VR 眼镜，观众可以身临其境地感受文物的历史背景和文化氛围。比如，在中国古代建筑文物的陈列中，观众可以通过虚拟现实技术进入一个有古代建筑、人物栩栩如生的环境中，与建筑物、人物互动，了解其设计理念、建造过程以及文化意义。这种互动体验可以让观众更加生动地感受到文物的独特魅力，加深对文化传统的理解。

除了触摸屏和虚拟现实技术，还可以运用其他互动展示方式，如游戏化互动和实践性互动。游戏化互动可以通过设置游戏、问答等元素，激发观众的参与兴趣，使他们在参观文物的过程中充满乐趣。实践性互动则可以通过提供手工制作、绘画等互动活动，让观众更加深入地参与到文物的传统技艺中，提升他们对文物价值的认识和欣赏。

引入互动展示方式有助于增加观众的参与度和互动性。观众在参观文物时，不再是单纯的观看，而是能够与文物进行互动，增强对文物的体验和感知。触摸、虚拟现实等技术的应用，使观众可以主动选择并探索感兴趣的文物，极大地丰富了文物展览的形式和内涵。同时，互动性的引入可以促进观众的学习和参与。观众通过互动展示方式，可以主动获取文物的相关知识，深入了解文物的背后故事和文化内涵。互动展示方式还可以引发观众的好奇心和探索欲望，激发他们对文物进一步的研究和探索。

（五）环境营造

文物陈列的环境营造对于提升观众的观赏体验至关重要。适当的照明和背景音乐可以营造出与文物相呼应的氛围，使观众更加沉浸在文物展览的氛围中，进一步加深对文物的理解和欣赏。

首先，照明在文物陈列中起着重要的作用。适宜的照明可以突出文物的细节和艺术特色，使其更加引人注目。根据展品的特点，可以采用不同的照明方式。对于较小而精致的文物，可以使用聚焦灯或导光灯来凸显其细腻的纹路和雕刻工艺。而对于较大的文物，如古代建筑物或艺术品，可以采用柔和的整体照明，营造出宏伟和庄重的氛围。合理的照明还能调整观众的目光焦点，引导他们有序地观赏展品。

其次，背景音乐的运用也对文物陈列的环境营造起着重要的作用。音乐有能力引发情感共鸣，将观众拉入特定的心理状态。选用与文物相关或具有特定文化氛围的背景音乐，可以增强观众的情感交流和对文物的共鸣。例如，在展示中国传统文化的陈列中，可以使用古琴、二胡等中国传统乐器演奏的音乐作为背景音乐，使观众更加融入中国古代文化的韵味中。背景音乐的选择要考虑音乐的音色、节奏和情感表达，要与文物所传达的主题相契合，共同营造出一种环境氛围。

展览的布局和装饰形式也是文物陈列环境营造的重要组成部分。通过合适的布局和装饰，可以营造出与文物所属的历史时期或文化背景相符的环境，使观众更有代入感。例如，在展示古代书画作品的陈列中，可以采用中国传统的文化元素和装饰风格，如雕刻的屏风、绘制的山水背景，以展示文物所属时代的独特韵味。展厅的色调和材质的选择也要与文物相协调，既能突出文物的特点，又不会与其争夺观众的视觉焦点。

（六）安全保护

在进行文物陈列时，确保文物的安全是至关重要的。文物陈列的设计与布局必须考虑到文物的易损性，采取适当的防护措施，以避免观众的误操作或其他原因导致文物的损坏。

首先，对于易损文物，特别需要加强安全保护。比如陶瓷、纸质品、绘画等容易受潮、受光、受温度变化影响的文物，在陈列设计中，应采取适当的环境控制措施，如温湿度调节系统、特殊的照明设备、防水和防尘措施等，以保护文物的状况稳定及其完整性。同时，定期检查和维护文物，防止潮湿、霉变等因素对文物造成损害，也是安全保护工作的重要环节。

其次，需要为文物设置适当的展示方式和防护措施。根据文物的大小、重量和特性，选择合适的展台、展架或展柜，以确保文物的稳定和安全陈列。对于易碎文物或敏感文物，如玻璃器皿、纺织品等，可以采用透明的展柜和特殊的防护材料，以防止观众的意外触摸造成损坏。此外，还需要合理设置观众的行进区域和防护栏杆，以避免观众接触到文物或误操作。

再次，文物陈列的安全保护还需要加强观众教育和监督。通过合适的展陈文案、提示标识和导览解说等，向观众普及文物的价值和易损性，引导观众文明参观，避免触碰或其他不恰当的行为。同时，工作人员应定期巡视展厅，发现问题及时处理，并及时修复或更换损坏的展示设备，确保文物陈列的持续安全。

最后，可以应用现代科技手段来加强文物的安全保护。例如，可以采用视频监控系统对陈列区域进行 24 小时全天候监控，及时发现和解决安全问题。还可以应用智能展示柜或物联网技术，实时监测温湿度、光照、震动等环境因素以及展柜中文物的位置和状态，更好地保护文物的安全。

二、展示手段的创新与运用

展示手段的创新与运用是文物陈列的关键环节之一，它能够增加展品的吸引力和观赏性，提升观众的参与度和体验感。下面介绍一些常见的展示手段及其创新与运用。

（一）多媒体技术

在现代科技飞速发展的今天，多媒体技术已经在各个领域取得了显著的成果。特别是在文物展示方面，多媒体技术的应用为传统的文化遗产赋予了新的生命力和魅力。

首先，投影技术的应用为文物展示带来了全新的视觉体验。在过去，文物展览主要依靠实物展示和文字说明，观众很难全面了解文物的历史背景和艺术价值。而现在，通过投影技术可以将文物的细节图像和历史场景生动地呈现在观众眼前。这样一来，观众不仅可以近距离欣赏到文物的精美之处，还能深入了解其背后的历史故事。例如，利用投影技术在博物馆墙壁上展示古代壁画，让观众仿佛置身于古人的生活环境之中，感受古代文化的韵味。

其次，音频设备为文物展示注入了丰富的听觉体验。在传统的文物展览中，观众往往只能通过文字介绍来了解文物的相关信息。而多媒体技术则可以让观众在参观过程中，通过音频设备听到与文物相关的音乐、声效或讲解。这种方式不仅能够增强观众的感官体验，还能让文物背后的历史故事"活"起来。例如，在展示古代乐器时，播放当时的音乐作品，让观众感受到古代音乐的优美旋律和独特韵味；在展示遗址文物时，播放相关的历史故事，让观众在聆听中感受文物所承载的历史文化。

再次，触摸屏、VR/AR等互动技术让观众与文物实现零距离接触。传统的文物展览往往受限于实物展示和空间布局，观众很难全面了解文物的各个方面。而利用触摸屏、VR/AR等技术，观众可以通过互动操作，全方位、多角度地了解文物。这种方式不仅让观众更加深入地了解文物，还能激发观众的好奇心和探索欲望。例如，通过 VR 技术让观众"走进"博物馆，亲身感受文物的魅力；利用 AR 技术在现实环境中呈现文物的历史场景，使观众仿佛穿越时空、身临其境。

最后，多媒体技术还为文物展示带来了新的传播方式。借助网络平台，文物展览可以突破时间和空间的限制，让更多人参与到文化传承中来。观众可以通过手机、电脑等终端设备观看在线展览，了解文物信息。同时，多媒体技术还可以实现跨地域的文物交流，促进文化资源的共享。例如，通过线上博物馆平台，国内外观众可以一同欣赏到珍贵的文物，了解世界各地的文化特色。

（二）虚拟展示

基于互联网和数字技术的虚拟展示方式正在逐渐流行起来。观众无论何时何地都可以参观展览，极大地提高了观众的参与度和方便性。

首先，虚拟展示通过高清图片的呈现，可以使观众远程欣赏文物的细节和艺术之美。通过摄影师精心拍摄文物高清图片，并上传至在线平台，观众可以在电脑、平板电脑或智能手机上查看这些图片，近距离观赏文物的细节之美。这种方式不受时间和地点的限制，观众可以根据自己的兴趣和时间安排，随时随地进行文物的浏览和学习。

其次，360 度全景展示为观众提供了身临其境的体验。通过虚拟现实技术或全景摄像机，观众可以在网上探索虚拟展览馆或博物馆，感受仿佛置身于真实展览现场的沉浸式感觉。观众可以自由选择浏览的方向和展品，随意转换视角，逐一欣赏文物的风采，拥有与实体展览同等的参观体验。

最后，虚拟导览为观众提供了更加便捷和个性化的展览参观方式。通过虚拟导览系统，观众可以根据自己的兴趣和需求，选择参观的文物、了解其背后的历史故事，还可以根据个人的节奏自由浏览，在观看过程中随时停顿，详细了解感兴趣的展品。

虚拟展示方式的流行，为观众提供了全新的文物参观体验，在一定程度上克服了时空限制，方便了观众的文化接触和学习。观众无须亲自前往博物馆，也可以随时随地通过网络亲临文物之中，增进对文物的了解和欣赏。特别是对于那些身处偏远地区或者有特殊需求的观众，虚拟展示方式使得文物的欣赏和学习不再受限，进一步推动了文化遗产的传播和普及。

然而，虚拟展示方式也面临一些挑战和问题。虚拟展示无法取代真实的文物观赏体验，无法完全还原文物的真实色彩和触感。此外，数字技术的快速更新也要求文化机构持续投入经费和资源，保持虚拟展示的更新和维护。因此，在虚拟展示中，应秉持科技与人文的有机结合，既确保技术应用的精准和可靠性，又注重文物本身的价值和观众的体验。

（三）模型和重建

在文物陈列中，通过使用模型和重建技术，可以还原文物的原貌，让观众更直观地了解文物的样貌、结构和用途，从而进一步增加观众对文物的认知和理解。

首先，精确的复制品和模型可以还原古代建筑、房屋、器物等的外观及细节。通过使用现代科技和工艺技术，可以制作出高度还原的文物模型，包括建筑物、人物、工艺品等。这些模型可以在展览中展示，使观众能够近距离观察和了解文物的外观以及文物背后的技艺和工艺。观众可以仔细观察模型的细节和结构，从而更好地理解文物的设计原理、使用方法和历史的演变。

其次，通过重建技术可以还原文物的原貌。重建是指利用现代科技手段，结合对文物的研究和分析，恢复文物的宏观和微观特征，使观众能够更真实地感受文物的历史面貌。例如，通过对古代建筑、城市遗址进行三维重建，可以让观众在虚拟环境中观察古代城市的场景，感受古代文明的繁荣和壮丽。重建技术还可以模拟文物的使用过程，使观众了解文物在特定场景下的实际功能和运用方式。这种还原和重建的方式可以让观众更加生动地感受文物的历史与文化，提高观众对文物的认知和体验。

最后，模型和重建的运用为文物陈列带来了诸多益处。观众通过观察模型、建筑物的原貌和重建场景，可以更直观地了解文物的外形、结构和用途，增加对文物的认知和理解。模型和重建可以解决文物受限于时间和空间的问题，将文物带到观众身边，为观众提供更丰富多样的文物呈现方式。这种模型和重建的呈现方式可以引发观众的好奇心和探索欲望，增强他们对文物的兴趣和参与度。通过这种方式，观众可以更加深入地了解文物的历史、文化和价值，增强对文物的欣赏和保护意识。

然而，值得注意的是，模型和重建技术的应用需要保持准确性和科学性，避免虚构和主观误导。选择合适的文物进行模型和重建，需要充分借助专业知识和研究成果，确保模型和重建的准确性和真实性。此外，在模型和重建的过程中，也需注重保护原始文物，避免对文物本身造成损害。

（四）参与式展览

参与式展览是一种能够激发观众参与和互动的展示方式。通过设置一些有趣的游戏、拼图、问卷等互动环节，让观众参与其中，积极探索和学习。这种展示方式能够增加观众的参与度和互动性，使观众更加深入地了解文物。

首先，参与式展览通过游戏等互动环节，使观众融入展览中，以一种轻松有趣的方式与文物互动。这种展示方式可以激发观众的好奇心和探索欲望，让他们在游戏和互动的过程中主动参与，积极了解文物的历史和文化内涵。例如，可以设置文物拼图游戏，观众可以通过拼图还原文物的完整形象，增加观众对文物样貌和结构的理解；也可以设计文物问卷调查，观众可以通过填写问卷表达对文物的看法和兴趣，为策展人提供参考。

其次，参与式展览鼓励观众的主动参与和互动，打破了传统展览中观众的被动观看模式。观众可以通过互动环节与其他观众、策展人、解说员等互动交流，共同探讨文物的意义和价值。这种互动性可以促进观众之间的交流和合作以及与文物之间进行对话并产生共鸣。观众可以分享自己的观点和见解，也可从其他观众和工作人员那里获取新的知识和思考，丰富了对文物的认知和理解。

最后，参与式展览还可以满足观众的个性化需求，因为参与互动的环节通常具有灵活性和多样性。观众可以根据自己的兴趣和喜好，选择自己感兴趣的互动环节，参与与之相关的活动。这样的个性化体验可以增加观众对展览的参与感和满足感，提高整体的观众参与度。

（五）团队引导讲解

在文物陈列中，设置专门的讲解区域，并由专业的讲解员对文物进行详细解说，将观众对文物的理解和认知提升到一个新的高度。观众可以跟随讲解员的引导，在专业解说的陪同下探索文物的历史、文化背景，深入了解文物所承载的丰富内涵。与此同时，通过与讲解员的互动，观众可以积极提问、参与讨论，增加参观的互动性与参与感。

第一，专业讲解员具备专业知识和丰富的研究经验，可以为观众提供深入的专业文物解说。通过解说，讲解员可以向观众介绍文物的历史背景、文化内涵、制作工艺等方面的知识，并将文物与当时的社会环境和历史事件相结合。他们可以用通俗易懂的语言，将复杂的专业知识传达给观众，帮助他们更好地理解和欣赏文物。通过专业讲解，在观众的参观过程中，他们可以了解到更多有关文物的故事和背景，增强对文物的情感认知。

第二，团队引导讲解可以为观众提供互动与参与的机会。讲解员与观众之间进行互动，不仅可以回答观众的疑问，还可以引导观众参与文物的讨论与探索。讲解员可以提出问题，鼓励观众积极参与，与观众进行深入的交流与沟通。观众可以分享自己的观点和感受，与讲解员一起探讨文物的意义和价值，加深对文物的认知和理解。这种互动与参与的方式使观众更加投入，提高了他们对文物的兴趣和参与度。

第三，团队引导讲解还可以根据观众的需求和兴趣提供个性化的服务。讲解员可以根据观众的背景知识和参观需求，灵活调整解说内容和深度，提供针对性的讲解服务。观众可以根据自己的兴趣与需求，选择参加适合自己的主题讲解，从而更好地满足他们对文物的认知和探索。同时，也可以针对不同年龄段的观众提供专门的解说服务，以适应不同观众群体的需求。

（六）故事讲解和场景还原

通过故事讲解和场景还原的方式，可以将观众带入文物所处的历史背景中。通过生动有趣的故事和场景还原，观众能够更加享受到观赏文物的过程，并且更容易记住和理解相关知识。

首先，故事讲解可以将文物与其所属的历史背景相结合，为观众呈现一个更完整的图景。讲解员可以通过讲述相关的故事和传统，将文物融入一个更大的历史框架中。通过生动有趣的故事，观众能够更加深入地了解文物背后的故事，感受文物的意义和价值。例如，在陈列中国古代战争文物时，讲解员可以讲述和解读这些文物所关联的历史事件和英雄故事，帮助观众更好地理解文物的历史背景和文化内涵。

其次，场景还原可以通过模拟特定的历史场景，为观众提供一种沉浸式的观展体验。通过结合环境布置、装饰和虚拟技术，展出可以还原文物所处的特定时期和环境。观众可以在这个虚拟的历史场景中，通过视觉、听觉甚至嗅觉等多种感官的刺激，更加近距离地感受和理解文物的真实背景。例如，在展出古代家居用品的陈列中，可以通过场景还原将展厅布置成一个古代家庭的居室，观众可以在这个环境中感受到古人的生活方式和文化氛围。

最后，故事讲解和场景还原能够使观众更加享受到观赏文物的过程，并且更容易记住和理解相关的知识。通过生动有趣的故事，观众能够与文物建立起情感上的联系和共鸣，丰富了文物的内涵和意义。通过场景还原，观众能够更加身临其境地感受文物所处的历史和文化背景，增强了观众的观展体验和参与感。

在实施故事讲解和场景还原时，需要确保讲解的准确性和场景再现的真实性，避免虚构和主观误导。讲解员需要具备丰富的专业知识，能够将文物的知识以故事的形式生动地传达给观众。在场景还原中，需要注重细节的还原和精确性，以呈现出一个真实而引人入胜的历史场景。

第四章　博物馆文物的利用模式

博物馆作为文化传承与教育的重要载体，不仅仅是存放文物的场所，更是一个为观众提供知识和体验的平台。在博物馆中，文物的利用可以通过多种方式进行，如展览与展示、教育与研究以及社区参与和社会活动等。本章将从这些角度来探讨博物馆文物的利用模式。

一、展览与展示

博物馆通过展览与展示来实现文物的利用，是最主要的方式之一。这种方式能够有效地提升观众对文物的认知程度，进而增加对历史和文化的了解。

在展览和陈列的过程中，博物馆可以根据不同的主题来进行展示。比如，博物馆可以策划历史展，将相关的文物整理陈列，以时间为线索来展示历史的发展脉络。这样一来，观众可以更加清晰地了解特定历史事件的背景，深入了解历史的演化过程。

艺术展也是博物馆常见的展览方式之一。在这种展览中，博物馆会展示各种艺术品，让观众感受到不同文化背景下的艺术表达形式。通过欣赏艺术品，观众可以更好地了解各个时期的艺术发展，从而对文化的多样性和丰富性有更深刻的理解。博物馆在展览与展示中还会利用多媒体技术和互动装置，给观众提供更加丰富的参观体验。多媒体技术可以通过影像、音频等方式，将文物的历史背景、文化内涵进行生动展示。观众可以通过观看视频、听取讲解等方式，更加直观地了解文物所蕴含的信息与价值。互动装置能够让观众更加主动地参与到展览中，增加互动和参与感。例如，博物馆可以设置游戏、互动体验区等，让观众在参观过程中进行互动和参与，从而更好地体验文物所传递的信息和价值。

除了常规的展览与展示形式，博物馆还可以通过临时展览和巡回展览的形式进行文物的展示。临时展览是根据不同的季节或主题策划，使展览更具时效性和多样性。例如，在春节期间，博物馆可以策划主题为"中国传统节日"的展览，展示与传统节日相关的文物，如春联、灯笼等，丰富观众的节日体验。巡回展览可以将文物展示到更多地方，使更多的人有机会接触到文物，提升观众的参观体验。通过到不同的城市、国家展示文物，博物馆能够让更多的观众有机会亲身接触到珍贵的文物，激发他们对历史和文化的兴趣。巡回展览还能带动当地旅游业的发展，促进文化交流和文化产业的繁荣。

二、教育与研究

除了展览与展示，教育与研究是博物馆文物利用模式中的另一个重要方面。通过教育和研究，博物馆能够向观众传授知识、引发思考，同时也能够推动文物的学术研究和学术交流。

（一）教育

教育是博物馆文物利用的重要目的之一，它能够通过文物的展示和解读，向观众传递历史、艺术、科学等方面的知识。博物馆可以通过以下方式进行教育：

1.学校教育。为了让青少年更深入地了解文物的历史和文化背景，博物馆可以与学校建立长期合作关系，共同开展丰富多样的教育活动，使学生在课堂之外的环境中感受历史的熏陶。博物馆可以结合学校课程，设计出具有针对性的参观课程。这些课程要注重引导学生观察、思考和分析文物，使学生在参观过程中不仅能欣赏到文物的艺术价值，还能深入了解其历史背景和文化内涵。通过这种方式，学生可以将课堂所学知识与实际参观体验相结合，从而提高学习效果。博物馆可以邀请专家学者，为师生们举办专题讲座。这些讲座的内容可以涵盖我国丰富的历史文化、艺术、科

技等方面，旨在拓宽学生的知识视野。同时，通过聆听专家的讲解，学生
们可以加深对文化遗产保护重要性的认识，培养他们对文化遗产的保护意
识。此外，博物馆还可以组织学生开展研讨活动。在这些活动中，学生们
可以围绕某一主题进行深入探讨，如文物鉴赏、文化遗产保护等。通过交
流和分享，学生们可以提高自己的研究能力和团队合作精神，同时也为学
校教育增添了新的活力。博物馆还可以为学生提供实践平台，让他们亲身
体验文化遗产保护工作。例如，学生可以参与博物馆的志愿服务，负责引
导参观、讲解等工作。这样的实践活动不仅有助于提高学生的沟通能力，
还可以培养他们的责任感和使命感。

　　2.公众教育活动。博物馆作为传承和弘扬文化遗产的重要场所，应该
积极参与并举办各种公众教育活动，以促进公众对文化艺术认知水平的提
高。博物馆可以定期举办公开讲座。这些讲座可以由博物馆内部的专家学
者或与博物馆合作的外部专家学者来主讲，涵盖广泛的主题，如艺术史、
文化背景、历史文物保护等。通过讲座，观众可以了解到更多文化艺术背
后的故事、历史背景以及文物保护的意义与方法，进一步加深对文化遗产
的理解。博物馆可以举办文物鉴赏讲座。这些讲座可以由博物馆内部的艺
术专家或专业鉴赏师来主讲，向观众介绍文物的艺术价值、鉴赏方法与技
巧。通过解读文物的艺术风格、创作技法以及历史背景，观众可以更好地
欣赏和理解文物的魅力，提升自己的艺术鉴赏能力。此外，博物馆还可以

开设文物保护工作坊。这些工作坊可以向观众介绍文物保护的基本原理与方法，让观众亲自参与到文物保护的过程中。通过实际操作和体验，观众可以更加直观地了解文物的脆弱性，体验到文物保护的重要性和难度，进一步增强公众对文物保护的关注和重视。除了上述活动，博物馆还可以开展一系列与文化艺术相关的互动教育活动。例如，举办文化艺术展览，通过展品的丰富多样性和展览的主题性，吸引观众的兴趣并启发他们对文化艺术进行思考与探索。另外，还可以组织研讨会、座谈会等形式的活动，为公众提供一个交流与学习的平台，促进共同的文化艺术话题的讨论和思考。

3.教育展览。教育展览是博物馆教育的重要形式之一，它通过特定的主题和教育目标，采用多种方式向观众传递知识并引起观众的兴趣与思考。第一，教育展览可以通过精心设计的互动展示来吸引观众的参与。例如，博物馆可以设置触摸屏、虚拟现实等技术设备，让观众可以亲自操作和体验展品。通过触摸、拖拽、旋转等动作，观众可以更加直观地了解展品的外观和特点，深入了解文物的历史和文化背景。这种互动展示方式不仅让观众参与感更强烈，也能够更好地激发他们的学习兴趣和好奇心。第二，教育展览可以通过故事讲解的方式来传递知识。博物馆可以借助讲解员、多媒体设备等形式，给观众讲述文物所承载的历史事件和有趣的故事。通过生动的语言和图像，讲解员可以将文物和历史事件有机地联系起来，激发观众的想象力和思考，让他们更加深入地了解文物的价值和意义。第三，教育展览还可以利用动画介绍的方式来展示文物知识。通过制作精美的动画片段，博物馆可以将复杂的历史事件、文化背景以及艺术形式等内容以简洁清晰的方式呈现给观众。动画片段可以通过绘画、模型、影像等多种形式进行展示，使观众更加生动地感受到文物的魅力和故事的情节，帮助他们更好地理解和记忆相关知识。通过以上方式，博物馆可以策划和开展具有教育目的的展览，使观众能够更好地理解和体验文物。这种教育展览不仅能够让观众与文物进行直接接触，也能够通过讲解、互动和引导等方式，激发观众的学习兴趣和思考能力。同时，博物馆还可以通过与学校、团体、社区等合作，将教育展览与相关教育资源结合起来，为观众提供更加全面和系统的学习体验。

4.教育资源。博物馆作为文物保护和传承的重要机构，可以提供丰富的教育资源，以帮助教师更好地利用文物进行教学，提高文物教育的效果。第一，博物馆可以编写教育手册，系统地总结和介绍文物的相关知识，提供教学参考。这些手册可以包括文物的历史背景、文化内涵、艺术特点等方面的内容，帮助教师更加全面地了解文物，并能够在教学中有针对性地传达给学生。教育手册可以提供丰富的图片、解读和故事，使教师在教学过程中能够更生动地介绍和讲述相关知识。第二，博物馆可以提供教学资料，如图片、文献、视频等，供教师在课堂教学中使用。这些教学资料可以从不同角度展示文物的特点和价值，为教师提供更多的素材和资源，帮助教师更好地设计教学内容和方法。教师可以根据教学需求选择和利用这些资料，丰富教学内容，激发学生的兴趣和思考。第三，博物馆还可以借助在线教育平台等技术手段，将自己的教育资源数字化和网络化，方便教师和学生随时随地获取和利用。通过在线教育平台，教师可以浏览、下载和使用博物馆提供的教育资源，同时还可以与博物馆的教育工作者进行交流和互动。这种开放式的教育平台可以提供更多信息和资源，拓宽教师和学生的教学视野，促进跨学科的教学和研究。博物馆提供的教育资源不仅可以帮助教师更好地利用文物进行教学，也可以提升学生的学习效果和兴趣。通过教育手册和教学资料，教师可以更加全面地了解文物知识，设计出更有深度和启发性的教学方案。而在线教育平台的应用则能够满足教师和学生的信息需求，使文物教育不受时间、地点的限制，进一步拓展和丰富学生的学习体验。博物馆在提供教育资源的过程中需要注重资源的及时更新和质量保证。第四，博物馆可以与教育机构、学者和教师进行合作，不断收集、整理和研究相关的教育资源，保证教育资源的丰富性和适用性。第五，博物馆还可以根据教育需求，开展相关的培训活动，提升教师的文物教育专业水平和知识储备。

（二）研究

研究是博物馆文物利用中不可或缺的一个环节，它可以推动文物的学

术研究和学术交流，提升博物馆的学术影响力。博物馆可以通过以下方式

进行研究：

1. 文物保护与修复。文物保护与修复是博物馆的重要职责之一。博

物馆需要对所藏文物进行细致的保护工作，研究文物的物质构成和历史变

迁，制定合理的保护措施，以确保文物的长期保存和可持续利用。博物馆

需要通过科学技术手段对文物进行研究。通过仪器分析和实验研究，博物

馆可以了解文物的物质构成、制作工艺和历史变迁等方面的信息。这些研

究结果可以帮助博物馆鉴定文物的真伪和年代，为文物的保护和修复提供

准确的依据。博物馆需要根据文物的特点和状况，制定合理的保护措施。

这包括控制环境温湿度、增强安全保护、制定展陈规范等方面。例如，博

物馆可以通过空调设备、湿度控制系统等手段控制展馆内的温湿度，防止

文物受热、受潮等损伤。同时，博物馆还需要建立完善的安全保护体系，

包括监控设备、防火系统等，确保文物的安全。此外，博物馆还需要制

定展陈和存储规范，合理摆放和保管文物，防止因摩擦、挤压等造成的损

伤。针对已经受损的文物，博物馆需要进行修复和保护处理。博物馆可以

聘请专业的修复人员进行文物的维修和修复工作。修复工作需要依据文物

的材料特性、老化状况等，采取合适的修复方法和材料。修复过程需要严

格控制操作和环境条件，以确保文物的修复质量和保存寿命。修复后的文

物需要经过保护处理，如使用合适的包装材料、定期进行检查和维护等，

以延长文物的寿命，保证文物的美观。博物馆还应重视文物保护的宣传和教育工作。通过展览、讲座、工作坊等方式，向公众宣传文物保护的重要性，增强公众的文物保护意识和责任感。博物馆还可以与学校、社区等合作，开展相关的教育活动，让更多的人了解文物保护知识，共同参与到文物保护的事业中来。

2.学术研究。在博物馆的众多功能中，学术研究占据着举足轻重的地位。博物馆拥有丰富的文物藏品，这些藏品见证了我国历史的发展变迁，承载着丰富的文化信息。因此，博物馆具备开展学术研究的得天独厚的条件。在深入探讨文物的历史背景、制作工艺和文化含义等方面的问题，博物馆可以充分发挥其研究功能，为文物的解读提供有力的理论支持。第一，博物馆可以组织各类学术研讨会、座谈会，邀请国内外专家学者共同参与，对馆藏文物进行深入研究。在这个过程中，专家学者可以分享自己的研究成果，为博物馆的研究工作提供新的视角和思路。此外，博物馆还可以与高校、科研院所等机构建立合作关系，共同开展研究项目，充分发挥各自优势，为文物研究提供更广泛的支持。第二，博物馆应重视人才培养，培养一支具备专业素养的研究团队。团队成员可以包括历史、艺术、考古、文博等专业背景的专家学者。这支团队可以承担起文物研究、文物保护、展览策划等工作，为博物馆的学术研究提供有力保障。第三，博物馆还可以设立研究基金，鼓励和支持国内外学者开展文物研究，推动学术交流和合作。在进行学术研究的过程中，博物馆要注意文物的实物研究与理论研究相结合。实物研究主要包括对文物的考古挖掘、科技检测、修复保护等工作。通过对文物的实物研究，可以深入了解文物的历史背景、制作工艺和文化含义。而理论研究则是对实物研究结果进行深入剖析和总结，从而为文物的解读提供理论支持。第四，博物馆应关注文物的数字化研究。随着现代科技的发展，数字化技术在文物研究中发挥着越来越重要的作用。博物馆可以运用数字化技术对文物进行三维扫描、虚拟展示、数据分析等，从而为文物研究提供更为丰富的数据支持。

3.学术交流与合作。第一，博物馆可以与其他博物馆建立合作伙伴关系。这样的合作可以包括收藏文物展览的互借、研究员间的合作交流等。通过展览的互借，博物馆可以借鉴其他博物馆的展览策划理念和经验，将优秀的展览引进自己的博物馆，丰富展览内容，提升展览质量。第二，博物馆还可以邀请其他博物馆的研究员来访，展开学术交流和合作研究，共同探讨文物研究的话题和问题。这样的合作有助于为文物研究提供不同的视角和新的思路。第三，博物馆可以与大学建立紧密的合作关系。大学作为高等教育和科研机构，拥有丰富的学术资源和研究力量。博物馆可以与大学合作开展研究项目，共同进行文物的科学研究和学术探索。例如，博物馆可以与相关专业的教师和学生合作，共同开展文物的历史、艺术、考古等方面的研究。通过与大学的合作，博物馆可以充分利用大学的科研设施和人才优势，提高文物研究的深度和广度。第四，博物馆还可以与研究机构建立合作关系。研究机构常常拥有先进的科研设备和专业的研究团队，可以为博物馆的学术研究提供有力支撑。博物馆可以与研究机构合作开展文物的科技保护、修复和检测等方面的研究。通过共同合作，博物馆可以将科技手段引入文物研究的各个环节，提高研究工作的精确性和可靠性。学术交流与合作的过程中，博物馆应注重资源的共享和经验的互通。第五，博物馆可以通过研讨会、学术会议等形式，邀请其他机构的专家学者来博物馆进行学术报告和讲座，分享自己的研究成果。同时，博物馆还可以提供自己的学术资源，如研究成果、文献资料等，与其他机构共享。通过这样的交流与合作，博物馆可以不断吸纳新的理论观点和方法，丰富自身的学术积累，推动文物领域的学术研究。在学术交流与合作中，博物馆还应注重与国际的交流与合作。各国的文物保护和研究工作都具有各自的特色和优势，博物馆可以借鉴和学习其他国家的经验和成果，提升自身的学术水平。博物馆可以与国外的博物馆、大学、研究机构等建立合作关系，开展联合研究项目，进行学术交流和合作研究。这不仅有助于提高我国文物领域的国际影响力，还能促进国内外学术成果的交流与合作。

4.数据共享。在当今信息技术飞速发展的时代，数据共享与数字化已经成为各行各业不可或缺的一部分。博物馆作为文化传承的重要载体，同样需要紧跟时代步伐，将自身的文物数据库进行数字化，并与其他研究机构共享相关数据。这样不仅有助于促进文物研究的跨领域交流和合作，还能提升文物研究的效率和影响力，使我国的文化瑰宝焕发出更加璀璨的光彩。首先，文物数据库的数字化有助于提高文物研究的效率。在过去，文物研究需要查阅大量的文献资料和实物，而这一过程往往耗时较长。随着数据库的建立和数字化，研究人员可以快速地在海量信息中检索到所需内容，极大地提高了研究效率。此外，数字化的文物数据库还可以实现远程访问，这样研究人员无须亲自到博物馆现场，就可以查阅相关文物信息，进一步节省时间和成本。其次，数字化文物数据库有助于促进跨领域交流和合作。文物研究涉及历史、艺术、科技等多个领域，通过数据共享，各领域的专家可以便捷地获取其他领域的资料，从而开展跨学科研究。例如，历史学家可以与科技专家合作，通过现代科技手段对文物进行深入剖析，为历史研究提供更多科学依据。这种跨领域合作不仅有助于推动文物研究的发展，还能为相关领域带来新的研究方法和思路。此外，数据共享还有助于提升文物研究的影响力。通过与其他研究机构共享文物数据，可以将我国的文化瑰宝推向世界舞台，让更多人了解和认识我国的悠久历史和丰富文化。此外，国际间的数据共享和合作还有助于提高我国文物研究的国际地位，增强文化软实力。然而，在推进数据共享与数字化的过程中，也需要注意保护文物信息和隐私。博物馆应确保数据的安全性和完整性，防止文物信息被恶意篡改或泄露。同时，还需加强对共享数据的审核和管理，确保数据的准确性和权威性。

三、社区参与和社会活动

博物馆作为文化遗产的守护者和传承者，其任务不仅仅是保护和展示文物，还包括使之为社会所用，让更多的人能够参与和享受其中的文化底蕴。社区参与和社会活动是博物馆文物利用的重要模式之一。

社区参与是指博物馆与所在社区之间建立起互动和合作关系，将博物馆的资源服务社区居民，满足他们的文化需求和精神生活。通过与社区的合作，博物馆能够更好地了解社区的文化特点和需求，有针对性地为社区提供丰富多样的文化活动和服务。

社区参与的方式多种多样，例如举办文化讲座、展览、艺术工作坊等，邀请社区居民参与其中，了解和学习文化知识。另外，博物馆还可以组织社区群众参与文物的保护和修复工作，培养他们对文物的保护意识和责任心。此外，博物馆还可以与社区合作，开展社区活动，例如举办文化节、游园活动等，为社区居民提供休闲娱乐的场所和内容。

社区参与的好处是双赢的。对于社区来说，参与博物馆的活动，能够增加社区居民的文化素养和审美能力，提升他们的文化自信心和社会融入感。同时，通过社区参与，博物馆也能够更好地了解社区居民的需求和意见，为他们提供更加贴近实际的文化服务。社区的参与和支持也能够帮助博物馆筹集资金和资源，促进博物馆的可持续发展。

社会活动是指博物馆利用文物资源开展的各种公益活动，旨在促进社会的发展和进步。这些活动可以包括专题讲座、学术研讨会、文化交流展览等，为广大社会公众提供学习、交流和合作的平台。通过这些活动，博物馆能够发挥其文化教育和普及的作用，提高人们的文化素质和认知水平。

社会活动的目的除了提供文化服务外，还可以通过与其他机构和组织合作，推动文化产业的发展和文化创意的创造。例如与艺术院校合作举办艺术展览，与商业组织合作举办文创产品设计比赛等，为文化创意产业的发展提供支持和动力。

第五章　文物讲解的方法与技巧

一、文物的背景知识准备

文物讲解是将文物的历史背景、文化内涵及艺术特点等内容传达给观众的过程。为了能够做好文物讲解工作，讲解人员需要进行充分的背景知识准备。

第一，讲解人员应该对所要讲解的文物进行深入的研究和了解。他们需要仔细研究文物的来源、制作年代以及相关的历史事件和人物。通过具体了解文物的历史背景，讲解人员可以更好地理解文物所代表的时代特征和文化内涵，从而能够准确地传达给观众。

第二，讲解人员还应该了解文物所处的时代背景。他们需要了解当时的社会环境、政治背景、文化氛围等。这样做有助于讲解人员更好地理解文物的历史意义，并能够在讲解中将文物与当时的社会背景联系起来，使观众更好地理解文物的意义。

第三，除了文物本身的背景知识，讲解人员还应该具备一定的历史、文化和艺术品知识。他们需要了解相关的历史事件、文化传统和艺术发展，以便能够将文物与其所在的历史时期和文化背景联系起来。例如，在讲解一件古代玉器时，讲解人员可以将其与玉文化的发展、古代礼制、玉器的制作工艺等进行关联，从而使观众更好地了解玉器的历史和文化价值。

第四，为了保证讲解的准确性和权威性，讲解人员还应该阅读相关的专业书籍、学术论文和研究成果，参加相关的学术活动和研讨会。这样可以帮助他们及时掌握最新的研究成果和学术观点，提高自身的专业水平和知识深度。

第五，在进行背景知识准备的过程中，讲解人员还应该注重信息的整理和分类。他们应该将各个方面的知识有机地连接起来，形成一个完整的知识体系。例如，讲解人员可以根据文物的类别、时代和风格等来整理知识，确保讲解的逻辑清晰和连贯。

第六，讲解人员还应该不断充实自己的知识储备，保持学习的态度。他们可以通过阅读图书、参观博物馆和展览、与同行交流等方式来扩展自己的知识面和视野。同时，他们还可以利用互联网和数字资源来获取更多的信息和研究成果。

二、采用多媒体技术的讲解方法

随着科技的不断发展，多媒体技术已经在文物讲解中得到了广泛应用。借助多媒体技术，讲解人员可以通过图像、音频、视频等形式，以直观的方式向观众展示文物的形态、历史背景、制作工艺等重要信息，帮助观众更好地理解和感受文物。

在多媒体技术的应用中，讲解人员可以使用投影仪将文物的图片或视频展示在大屏幕上，并配以详细的解说。通过清晰的图像和细节的展示，观众可以更加直观地了解文物的外观和特点，同时讲解人员的解说也可以让观众更深入地理解文物的历史和文化背景。例如，当讲解人员解说一幅名画时，可以通过投影仪将画作放大展示，以便观众更清楚地看到每一笔每一个细节，讲解人员可以对画作的构图、画家的创作意图等进行详细的解读。

此外，多媒体技术还可以融合音频元素，为观众提供更丰富的感官体验。讲解人员可以根据文物的特点和历史背景，为观众播放与文物相关的音乐、声音等。比如，当讲解人员向观众介绍一件古代乐器时，可以播放该乐器的演奏音乐，让观众在欣赏文物的同时感受到音乐所传达的情感和美感。

在采用多媒体技术进行文物讲解时，讲解人员需要注意平衡信息传达和观众互动的关系。尽管多媒体技术可以提供更多的信息和直观的展示方式，但过多的信息呈现可能会使观众感到疲倦和迷失。因此，讲解人员需要抓住文物讲解的重点，突出文物的核心内容，避免信息过载。在讲解过程中，讲解人员可以与观众进行互动，引导观众参与讲解和思考，使观众更加主动地参与到文物的理解和体验中来。例如，讲解人员可以提出问题，邀请观众发表自己的看法，或者进行小型互动活动，让观众更加深入地探索文物的意义和价值。

在运用多媒体技术进行文物讲解时，讲解人员也需要保持警惕，以确保技术的运作顺利和信息的准确性。他们应该提前进行设备和系统的测试，确保设备正常运行和操作顺利。同时，讲解人员还需要对使用的多媒体素材进行严格筛选和准备，确保文物讲解的信息准确性和权威性。

三、与观众互动的讲解技巧

文物讲解不仅仅是将文物的相关信息传达给观众，更重要的是促使观众主动参与和思考。与观众互动是一种有效的讲解技巧，可以增加观众的参与感和兴趣度，促使他们更好地理解和接受讲解内容。

讲解人员可以通过提问和回答的方式与观众展开互动。讲解人员可以向观众提出开放性的问题，鼓励他们积极思考并表达自己的观点和想法。例如，在讲解一件古代织锦时，讲解人员可以问观众"你认为这幅织锦的图案有何寓意？"或者"你觉得这些图案是如何织造出来的？"通过观众的回答，讲解人员可以了解观众的认知和理解程度，并对观众提出的问题进行解答。

讲解人员还可以利用讲故事的方式与观众互动。通过讲述与文物相关的故事，讲解人员可以将文物的历史背景、制作工艺等内容以生动有趣的方式呈现给观众，增加讲解的趣味性和吸引力。例如，在讲解一件古代青铜器时，讲解人员可以讲述与青铜器相关的传说或者历史故事，让观众更好地了解青铜器的历史意义和文化内涵。

除了提问和讲故事，讲解人员还可以组织一些小活动来与观众进行互动。例如，讲解人员可以邀请观众参与文物的模拟制作，让观众亲身体验制作过程，加深对文物制作工艺的理解。讲解人员还可以设置一些观察文物的任务，鼓励观众仔细观察文物的细节特点，并与其他观众分享自己的发现。通过这样的小活动，讲解人员可以调动观众的积极性和参与度，使他们更深入地理解文物的价值和意义。

除了以上的技巧，讲解人员还应具备良好的沟通能力和语言表达能力。他们应能够清晰明了地表达自己的观点和思想，与观众进行有效的交流。讲解人员应该注重语言的简洁明了，避免使用过多的专业词汇和复杂的句式，以便让观众更容易理解和接受。同时，讲解人员还应保持谦虚和耐心，尊重观众的意见和观点，与观众建立良好的互动关系。

　　讲解人员还应对观众的反应和需求保持敏感。他们应及时观察观众的表情和反应，根据观众的反馈来调整自己的讲解方式和内容。例如，如果观众对某个部分的内容表现出较大的兴趣，讲解人员可以适当加深讲解这部分内容，满足观众的需求。如果观众对某个部分的内容表现出较少的兴趣，讲解人员可以通过改变讲解方式或者引入更多趣味性的附加信息来引起观众的注意。

第六章　博物馆导览员的角色与职责

一、导览员的专业背景要求

博物馆导览员是博物馆中非常重要的一环，他们是展出文物与观众之间的桥梁和纽带，起着承上启下的作用。导览员负责向观众介绍文物、讲解展品的历史背景与文化意义，引导观众的参观路线和注意事项，提供相关的解答和服务，使观众在参观的过程中能够更好地理解和欣赏展览内容。为了胜任这一工作，导览员需要具备一定的专业背景。

首先，他们需要有博物馆学、艺术史等相关专业的学历背景。这些专业课程可以使导览员掌握系统的专业知识和理论基础，让他们对博物馆学的历史、发展和运行等方面有所了解。同时，通过学习艺术史，导览员可以对各种不同类型的艺术品、文物有较深入的认识和理解，有助于他们更好地进行讲解和介绍。

其次，导览员需要具备较强的沟通和表达能力。他们需要能够用通俗易懂的语言向观众介绍复杂的文物和历史事件，引导观众正确理解和欣赏展品。同时，导览员还需要具备良好的语言表达能力和语言组织能力，能够清晰、流畅地进行讲解，使观众能够容易地理解所传达的信息。此外，导览员还需要具备一定的英语或其他外语水平，以满足国际观众的需求。

再次，导览员还需要有良好的服务意识和团队协作能力。他们需要积极主动地为观众提供帮助和解答问题，满足观众的需求和期望。导览员在工作中还需要与其他博物馆工作人员密切合作，协调各方资源，确保观众能够得到良好的参观体验。因此，导览员需要具备与团队成员合作的能力，能够有效地与其他工作人员沟通和协调。

最后，导览员还需要具备较强的学习能力和丰富的文化知识。博物馆的展品种类繁多，涉及的内容广泛，导览员需要不断学习和更新自己的知识，与时俱进。他们需要具备广博的文化知识，了解不同文化的特点和背景，以便更好地进行讲解和介绍。同时，他们还需要关注社会热点和最新的文化动态，与时代保持同步，为观众提供有深度和远见的解说。

二、导览员的培训与发展

导览员在博物馆中承担着重要的角色和责任，他们是博物馆与游客之间的桥梁，负责向游客介绍展览和文物，提供参观指导，并回答游客的问题。为了更好地履行这一角色，导览员需要经过专业的培训。

导览员的培训通常分为理论和实践两个部分。在理论方面，他们需要学习博物馆学、艺术史、历史学等相关知识，了解博物馆的发展历程、文物鉴赏、展览设计等方面的内容。他们还需要学习导览技巧，包括如何解读文物、如何与游客进行互动、如何应对各种情况等。这些理论知识的学习可以通过课堂教学、讲座、研讨会等形式进行。

在实践方面，导览员需要通过实际参观和解说文物来提高自己的实践能力。他们需要掌握相关的知识和背景，了解每件文物的历史、背景和意义，并能把这些知识生动地传达给游客。通过不断的实践和演练，导览员可以提高自己的解说技巧和应对能力，并逐渐形成自己的风格和特点。

导览员的培训还需要关注他们的职业道德和职业素养。导览员作为博物馆的代表，他们的言行举止必须符合职业规范和博物馆的形象。他们需要具备一定的服务意识和责任感，尊重游客的需求，耐心回答他们的问题，并积极帮助他们解决困惑和困难。导览员还需要保守文物的机密，妥善管理和传承文物的价值和意义。

导览员的发展是一个渐进的过程，他们可以通过不断学习和实践来提高自己的专业水平和职业发展。博物馆可以提供不同层次和主题的培训课程，以帮助导览员扩大知识面和深化专业领域。导览员还可以参加相关的学术研究和交流活动，与其他博物馆和专家进行交流和合作，了解最新的研究成果和展览设计。他们还可以参与博物馆的文化推广和公众教育活动，提高自己的社会影响力和文化素养。

三、导览员的日常工作职责

博物馆导览员作为博物馆的重要组成部分，承担着讲解和引导参观者的责任。他们的主要工作职责包括：

第一，导览员需要负责博物馆展览的引导和解说工作。在接待观众前，他们需要对展览的内容进行充分的准备和研究。导览员需要了解展览的主题、陈列方式、展品背后的故事等，以便能够向观众提供详细全面的解说和解读。他们应掌握清晰的表达能力，通过准确的语言和生动的故事串联，使观众更好地理解展览的意义和价值。同时，导览员还要及时回答观众的疑问，提供专业的解答和建议，以满足观众的需求。

第二，导览员需要负责观众的接待和服务工作。他们需要友好而热情地迎接观众，提供参观指导和解答观众的疑问。导览员应提供必要的信息，如开放时间、票务政策、参观路线等，以确保观众的参观体验顺利和舒适。同时，导览员还要引导观众维护展览秩序和环境，确保观众的安全和展品的安全。他们可以向观众解释博物馆规定和注意事项，提醒观众文物的易碎性和珍贵性，避免触碰和破坏。

第三，导览员还需要协助博物馆的安全管理工作。他们需要遵守和执行博物馆的安全规章制度，确保文物和观众的安全。导览员要熟悉博物馆的应急预案和安全逃生的措施，并能在安全事故和紧急情况下迅速反应。他们要及时报告和处理观众遗失的物品、火灾预警、突发状况等问题，保持博物馆的平稳运行和观众的安全。

第四，导览员还需要参与博物馆的教育活动和文化推广活动。他们可以参与讲座、讲解培训，向观众传授更多的知识和技巧。导览员还可以参与组织和策划亲子活动、工作坊、临时展览等，为观众提供更多的参与机会，提高他们的文化素养和艺术欣赏能力。通过互动的方式，导览员可以吸引观众的兴趣和注意力，激发他们对文物和艺术的热爱和探索欲望。

第七章　文物讲解的语言与表达

一、使用易懂的语言与表达方式

作为文物讲解人员，使用易懂的语言和表达方式是非常重要的。由于观众拥有不同的社会背景和层次，他们对文物的了解和专业知识有所不同。因此，在讲解过程中，讲解人员应尽可能地使用通俗易懂的语言，避免使用过于专业化的术语和复杂的句式。

为了让观众更好地理解文物，讲解人员可以使用简短明了的语句进行介绍。他们可以用简洁明了的语言描述文物的外观特点、历史背景和文化内涵。例如，当讲解人员介绍一件古代陶器时，可以简单地说"这是一件由古人用黏土制作的陶器，它经过烧制而成，具有独特的形状和纹样。"通过简单明了的语言，观众可以迅速理解文物的基本信息。

此外，讲解人员还可以用生动的形容词和比喻来描述文物的特点和价值。通过用形象的语言来描绘文物的美丽和独特之处，可以引起观众的兴趣和情感共鸣。例如，当讲解人员介绍一幅名画时，可以说"这幅画的色彩鲜艳明亮，如同一幅绚丽的风景画"。通过形象和生动的语言描述，可以帮助观众更好地想象和感受文物所传达的信息和艺术魅力。

在讲解过程中，讲解人员应注重语速和音调的把握，避免讲解过于仓促或单调枯燥。讲解人员可以通过调节语速和音调，使讲解更富有节奏感和表现力。通过适当的语调变化和音量控制，讲解人员可以在讲解中增加情感色彩，使观众更容易产生共鸣和情感连接。

此外，讲解人员还应考虑观众的知识背景和兴趣。他们可以采用观众熟悉的事例或常见的经历来进行解释和说明，使观众能够更好地对文物展开联想和联系。通过与观众共同的基础和经验，讲解人员可以更好地引导观众理解和感受文物的意义和价值。例如，当讲解人员介绍一件古代器物时，可以与观众分享其用途和历史背景，并与当代生活进行对比，使观众更易于理解文物的功能和历史地位。

二、避免使用专业术语和难以理解的词汇

在文物讲解的过程中，讲解人员需要遵循的一个关键原则就是避免使用过多的专业术语和难以理解的词汇。这是因为文物讲解的本质并非专业的学术讲座，而是为了让观众能够更好地理解和欣赏文物，感受文物所蕴

含的历史文化信息。因此，讲解人员需要用通俗易懂的语言，使观众在轻松愉快的氛围中获取知识。

避免使用过多的专业术语和难以理解的词汇，是为了让观众能够更容易地理解讲解内容。专业术语和难词往往会给观众带来困惑，使他们无法准确把握讲解的内容。这样一来，观众对文物的兴趣和理解能力就会受到影响，甚至可能导致他们对文物讲解失去兴趣。因此，讲解人员应当注重语言的通俗性和易懂性，让观众在听讲解的过程中，能够始终保持清晰的思维和饱满的兴趣。

然而，在讲解过程中，有时会涉及一些必须使用的专业术语。在这种情况下，讲解人员应当采取有效的策略，对这些专业术语进行解释，以便观众能够理解。他们可以结合视觉展示、示范和比喻等方式，来帮助观众理解相关概念。这样一来，专业术语就不再是一个难以跨越的障碍，而是变成了一个可以被观众理解和接受的桥梁。

此外，讲解人员还可以运用一些通俗易懂的词语来取代专业术语，使观众更容易理解。在选择词汇时，讲解人员应该注意选用具有文化内涵的词语，以丰富讲解内容和增强观众的兴趣。可以使用比较具体、形象的词语来描述文物的形态、颜色、纹理等特点，让观众更加直观地感受文物的美。这种描述方式不仅能够使观众更好地理解文物，还能激发他们的想象力，使他们对文物产生更浓厚的兴趣。

在文物讲解中，讲解人员还需要注意语言的生动性和形象性。他们可以运用丰富的修辞手法，如比喻、拟人、排比等，使讲解内容更加生动有趣。这样，观众在听讲解的过程中，就会感受到文物所蕴含的生命力和魅力，从而提高他们对文物的欣赏能力。

三、使用图像与多媒体辅助讲解

在文物讲解中，使用图像和多媒体辅助讲解是一种有效的方式，可以提供更直观、生动的信息展示，帮助观众更好地理解和感受文物。

讲解人员可以利用幻灯片、投影仪或电子屏幕等工具，将文物的图片、视频等展示给观众。通过图像的展示，观众可以直观地了解文物的外观、形态和特点。当讲解人员介绍一件文物时，他们可以用高清的图片将文物的各个角度展示出来，让观众能够全面了解文物的造型、纹饰和工艺。通过观看文物的图像，观众可以更加深入地感受到文物的美和价值。

除了图片展示，讲解人员还可以使用多媒体技术，通过音频、视频等形式将文物的相关信息呈现给观众。例如，可以通过播放相关的音乐、声音来增强观众对文物的感受。当讲解人员介绍一幅古代名画时，可以播放具有时代特色的音乐，或者模拟描绘一些与画作相关的声音，让观众在欣赏画作的同时感受到更多的历史背景和文化氛围。同时，讲解人员还可以通过视频展示文物的制作工艺、修复过程等，让观众与文物更加贴近，更加直观地了解文物的制作过程和艺术特点。

在使用图像和多媒体进行文物讲解时，讲解人员需要注意选择合适的展示方式和内容。他们应该根据文物的特点和讲解的目的来选择适当的展示工具和素材。例如，在讲解一件古代陶器时，可以使用 3D 模型展示陶器的结构和细节；在讲解一幅画作时，可以使用高清图片或者视频来呈现画作的细节和色彩。在选择展示内容时，讲解人员应该保持信息的准确性和权威性，避免忽略重要的信息或掺杂错误的信息。

讲解人员在使用图像和多媒体时还应注意技术设备的稳定性和可靠性。他们应提前测试和检查设备，确保正常工作。如果设备出现故障或不可用，讲解人员应能够迅速应对，并根据实际情况调整讲解方式。

此外，讲解人员在使用图像和多媒体辅助讲解的同时，也要注意平衡信息展示和观众的互动。尽管图像和多媒体技术能够提供更多的信息和直观的展示方式，但过多的信息呈现可能会使观众感到疲倦。因此，讲解人员要掌握尺度，确保信息的适量呈现，注重与观众的互动，鼓励观众提问和参与讨论，以增加讲解的趣味和可参与性。

第八章　文物讲解的故事性与情感共鸣

一、建立观众与文物的情感联系

文物作为历史的见证者和珍贵的文化遗产，承载着丰富而深沉的情感内涵。文物讲解的目的之一就是要建立观众与文物的情感联系，让观众通过对文物的欣赏和理解，感受历史的厚重与传承的珍贵。通过文物，我们可以了解人类文明的演进、社会历史的变迁以及不同文化的交汇融合。文物的讲解中可以将文物置于具体的时代背景中，通过讲解者生动的叙述，让观众感受到文物与历史的紧密联系，激发他们的好奇心和探索欲望。观众能够与文物建立起情感的联系后，他们会对文物产生更浓厚的兴趣和热爱，从而更加主动地去了解和学习相关的历史知识。文物是民族文化的重要组成部分，它们承载着民族的智慧、艺术和精神。通过讲解者对文物的深入解读，让观众领略文物中所蕴含的文化内涵，感受到自己与这些文化之间的关联和共鸣。这种情感共鸣能够激发观众对自己文化传承的自豪感和认同感，从而增强对文化遗产的珍视和保护意识。文物的艺术性和审美价值是吸引观众的重要因素。在文物讲解中，讲解者可以通过生动的语言、形象的描述和比较，让观众在感受文物之美的同时，理解其所代表的时代特色和艺术风格。观众对文物的欣赏和喜爱也会增加他们对文物的情感联系，进一步深化对文物的认知和体验。

在文物讲解中，突出人物故事是建立观众与文物情感联系的重要方式之一。通过人物故事，将文物与具体的人物联系起来，使观众更加直观地感受到文物的意义和价值。人物故事可以从文物的创作者、使用者、保护者等不同角度展开。例如，对于一件古代陶器，可以讲述其制作过程中手艺人的坚持与才华以及当时社会背景下的陶器的使用者。通过讲述手艺人的创作经历以及陶器在当时社会的意义和用途，观众可以更加深入地了解文物背后的故事，并将其与自己的生活经验和情感联系起来。类似的，通过讲述文物的保护者们为了保护它们做出的努力和贡献，观众可以体会到文物的珍贵与脆弱，从而产生对其保护和传承的共鸣。

人物故事可以给文物赋予更丰富的内涵和情感共鸣。无论是历史人物的故事，还是与文物相关的普通人的故事，都能够唤起观众的兴趣和共鸣，增强他们的情感体验。通过将文物与人物相连，观众更能够与文物产生情感上的共鸣，感受到文物背后所代表的历史、文化和人类的智慧。另外，人物故事也可以激发观众的想象力和探索欲。当观众了解人物故事时，他们可能会进一步思考和想象文物背后的故事，对文物进行更深入的解读和理解。这种主动参与的过程对于建立观众与文物的情感联系非常重要，因为观众会从被动的听众转变为积极的参与者和思考者。

文物作为历史的见证，承载着丰富的故事和情感。作为讲解员，我们需要将这些情感价值准确地传达给观众，让他们能够感受到文物背后的激情、哀思、英勇或其他情感。我们要深入挖掘文物所蕴含的情感故事。这些故事可以是文物的诞生背景、历史沿革、捐赠者经历等。通过讲述这些故事，让观众对文物产生兴趣，进而产生情感共鸣。运用生动的语言和形象的表达，让观众仿佛身临其境。在描述文物时，可以运用比喻、拟人等修辞手法，将文物的历史价值、艺术价值和生活气息展现得淋漓尽致。这样既能激发观众的想象力，又能使他们感受文物所蕴含的情感。要注重与观众的互动，引导他们参与到情感体验中来。可以邀请观众分享自己与文物相似的经历或感受，使他们在交流中产生共鸣。同时，也可以邀请观众参与文物的评选、讲解等活动，让他们在参与过程中感受到文物的价值和魅力。注重情感价值的传达并不意味着忽略文物的历史、艺术等专业价值。相反，我们要在传达情感价值的同时，兼顾文物的专业解读，使观众在感受情感共鸣的同时，也能学到知识，提高审美水平。

通过引发观众思考，可以让他们更深入地理解和思考文物所蕴含的价值，并将其与自身经验和社会现实相联系。这样可以激发观众的思考和探索欲望，培养他们对文物及相关话题的兴趣和热爱。可以通过提出开放性问题来引发观众思考。比如，当讲解一件具有独特形态的文物时，可以询问观众关于它形状的变化、使用的情景或可能的意义等。观众的思考和回答会帮助他们更深入地理解文物，同时扩展了他们的知识和想象力。通过与其他文物、历史事件或当代社会的对比与联想，观众可以在不同层次上思考文物的意义和价值。例如，可以将一件古代的贵族服饰与现代时装进行对比，让观众思考文物的时代特色以及其对当代时尚的影响。可以通过故事情节的悬念和启示来引发观众的思考。通过一个故事的框架，将观众带入一个未知的情境或对历史事件的探索中。观众会在思考和猜测中体验到文物的神秘与魅力，并通过自己的思考得到启示和新的认识。观众之间的讨论和分享可以激发更多的思考和观点，并促进对文物的深入了解。同时，观众也可以分享自己的观点和想法，丰富了观众间的互动和反馈，为文物的讲解和理解提供了更多的视角。

二、运用故事化手法增强讲解的吸引力

在进行文物讲解时，创造丰富的情节能够增强讲解的吸引力，使观众更加投入地去感受文物所蕴含的历史故事。一个好的故事情节可以帮助观众更好地理解文物背后的意义，并与之产生情感共鸣。当讲解一件古代官

殿的瓷砖时，可以通过创造一个精彩的故事情节来引起观众的兴趣。比如讲述一个古代皇宫被外敌攻击的故事，瓷砖则是当时宫殿的装饰材料。通过生动描述宫殿的建筑、皇帝的威严以及攻击的紧张氛围，观众能够感受到这些瓷砖所见证的历史时刻，也能够感受到古人的智慧和对美的追求。故事中可以穿插一些情节，比如讲述宫廷画家用瓷砖来塑造富丽堂皇的画面，展示瓷砖的艺术价值。通过创造丰富的情节，文物讲解不再是单调的介绍，而是一种拉近观众与文物之间距离的方式。观众能够通过故事情节中的人物角色、情感体验和冲突发展，更加深入地了解文物背后的历史、文化和情感内涵。因此，运用故事化手法来增强文物讲解的吸引力是非常重要的。这不仅能够激发观众的兴趣，让他们更加投入讲解之中，也能够提升他们对文物的理解和感受，从而更好地传承和弘扬中华璀璨文化。

为了增强讲解的吸引力，讲解者可以运用故事化手法，其中融入个人经历和情感是一种非常有效的方法。融入个人经历和情感可以使讲解更加生动、有趣。通过分享自己与文物之间的亲密关系和故事，讲解者可以引发观众的共鸣和兴趣。这种个人经历可以是与文物相关的亲身经历，也可以是与文物背后历史人物的故事有关。例如，讲解者可以讲述自己曾经参观过某个博物馆，看到了一个与自己家乡有关的文物，而这个文物带给他无尽的回忆和故事。细腻地描述这段经历以及与文物的情感联系，讲解者可以吸引观众的兴趣，并引发他们对文物的好奇心。融入个人经历和情感还可以增强讲解的情感共鸣。当讲解者能够表达对文物的敬仰、对历史人物的钦佩或对文化传承的珍视时，观众也会通过讲解者的情感传递而加深自己对文物的情感体验。讲解者可以通过讲述某个历史人物的伟大事迹或某个文物的艺术价值来展示对文物的敬意。通过分享自己对文化传承的思考和珍视，讲解者可以引发观众对文物的情感共鸣，进而激发他们对文化的保护和传承的意识。此外，融入个人经历和情感还可以使讲解者和观众之间建立起更加亲近的关系。当讲解者能够真诚地与观众分享自己的故事和情感时，观众会更容易与讲解者产生共鸣，并愿意主动参与到讲解中。观众会更加信任和尊重这样一个真实、有情感的讲解者，也会更愿意倾听和接受他所传达的知识和信息。

故事化手法在文物讲解中的吸引力与效果不可低估。通过讲述故事，我们可以吸引听众的注意力，激发他们对文物的兴趣和好奇心。同时，故事化手法还可以帮助人们更加深入地理解文物的历史背景和文化内涵，从而产生情感共鸣。故事化手法能够为文物赋予生动的形象。通过为文物讲述故事，我们可以将它们从静态的展览品转变为有血有肉的角色。例如，我们可以讲述一个明代官员所使用的印章的故事。这个印章在历史上曾见证了许多重要的事件，它可以被形容为一个历史见证者，而不仅仅是一件冷冰冰的文物。这样的讲解方式可以激发听众，使他们更加容易与文物产生情感共鸣。故事化手法能够将文物的历史背景与现实生活联系起来。通过讲述与文物相关的真实故事，我们可以将历史事件与听众的生活经验进行对照和对比。这样的讲解方式能够帮助人们更加深入地理解历史背景，并将其与自己的现实生活联系起来。例如，我们可以讲述一个关于古代农民对抗自然灾害的故事，以此来解释文物中所蕴含的智慧和勇气。通过将历史与现实联系起来，故事化手法能够使听众更加容易产生对文物的情感共鸣。故事化手法能够突破时间和空间的限制，将文物的历史背景重新现实化。通过讲述文物所经历的故事，我们可以将听众带入过去的时空，让他们亲身体验历史。例如，我们可以利用虚拟现实技术还原古代宫廷的场景，让听众仿佛置身其中。这样的讲解方式可以增强听众对文物的参与感和代入感，使他们更加深入地体验到文物的历史价值和魅力。

三、制作讲解材料时考虑观众的背景和兴趣

在制作文物讲解材料时，考虑到观众的背景和兴趣是非常重要的。观众的背景可以包括他们的年龄、受教育程度、职业、文化背景等。而观众的兴趣则是指他们对于文物的特定方面或主题的兴趣。介绍文物的背景是为了帮助观众更好地理解文物的来源和意义。文物不仅仅是一件古老的艺术品，它也承载着历史文化的记忆和价值观。通过介绍文物的背景，观众可以深入了解文物所处的时代背景，了解当时的社会环境、政治制度、经济发展等，从而更好地理解文物的价值和意义。文物的历史背景包括它的

制作年代、使用目的、流传历程等。通过介绍文物的历史背景，观众可以了解文物的使用方式，它在当时社会中的地位和作用以及它是如何被发现、收藏和保存的。这些信息不仅能增加观众的知识储备，还能帮助他们更好地理解文物的文化内涵和艺术特点。当制作讲解材料时，还应考虑观众的兴趣。观众的兴趣可以是特定的历史时期、艺术风格、文化主题等。对于不同的观众群体，可以根据他们的兴趣选择不同的文物进行介绍，或者以某个特定的主题为线索，将多个文物进行串联讲解。例如，对于喜欢明清文化的观众，可以选择介绍明代或清代的器物、绘画等；对于对佛教文化感兴趣的观众，可以介绍佛教文物的艺术特点和信仰背景。

文物制作材料和工艺技术的讲解，应考虑观众的背景和兴趣，使之更具故事性和情感共鸣。我国文物制作材料丰富多样，工艺技术精湛，体现了古人的智慧与才艺。自古以来，我国便善于运用各种材料制作文物。如瓷器，是我国最具代表性的文物之一。讲解时可介绍瓷器的原料——高岭土以及瓷器制作过程中的淘泥、揉泥、拉坯、晾晒、上釉、绘画、窑烧等环节。又如玉器，自古以来便被视为祥瑞之兆，讲解时可介绍玉器的选材、雕琢、抛光等工艺过程以及各种玉器的寓意。我国古代工艺技术精湛，如剪纸、皮影、木雕、石雕等。以剪纸为例，讲解时可以介绍剪纸的起源、流派、技法以及剪纸艺术在民间生活中的应用。再如木雕，讲解时可介绍木雕的种类、技法、流派以及我国著名木雕艺术家和作品。结合具体文物实例，讲解其制作过程中的巧思与匠心。如兵马俑，讲解时可介绍秦始皇陵兵马俑的发现、制作工艺、服饰、武器等方面的特点以及兵马俑所反映出的古代军事、政治、文化等信息。又如故宫的《千里江山图》，讲解时可介绍画作采用的青绿山水画技法、构图、寓意以及画家王希孟的创作背景和艺术成就。通过这三个方面，让观众深入了解文物制作材料和工艺技术，感受古人的智慧与才艺，从而增强故事性和情感共鸣。同时，根据观众的文化背景和兴趣，适时调整讲解内容，使之更具针对性和吸引力。如针对青少年观众，可侧重讲解文物制作过程中的趣味小故事和科普知识；针对外国观众，则可着重介绍我国文物制作材料和工艺技术在国际上的影响力和吸引力。

文物与社会的关系体现在它们是历史发展的见证。每一件文物都承载着一定时期的社会风貌、生活习俗、政治制度等方面的信息。例如，讲解青铜器时，可以介绍商周时期的社会制度、礼仪文化以及宗教信仰。通过解读文物背后的社会历史信息，观众可以更好地认识文物的价值和意义。文物与文化的关系表现在它们是文化传承的载体。文物承载着中华民族优秀的传统文化，是民族智慧和文化精神的体现。在讲解文物时，可以着重介绍文物所蕴含的文化内涵，如诗词、绘画、工艺等。这样既能传播中华优秀传统文化，又能激发观众对文物的兴趣。在我国历史上，宗教对文物创作产生了深远影响。很多文物，如佛教造像、道教壁画、寺庙建筑等，都反映出当时宗教的盛行和信仰观念。在讲解这类文物时，可以详细介绍宗教背景、信仰观念以及文物所蕴含的宗教意义，让观众感受宗教文化的魅力。

从历史价值来看，文物是历史的遗留物，它们记录了一个时代的社会制度、风俗习惯、科技水平、文化艺术等各个方面，是研究历史的重要资料。通过对文物的考古、研究和解读，我们可以更加全面、深入地了解我国的历史文化，丰富历史认知，弘扬民族精神。从文化价值来看，文物是中华优秀传统文化的载体，它们反映了我国各个时期的思想观念、审美情趣、工艺技艺等，具有较高的艺术价值。文物的保护、传承和利用，有助于弘扬民族优秀传统文化，增强民族自信心和文化自觉，促进文化繁荣发展。从教育价值来看，文物是生动的教材，它们可以向公众传播历史知识、文化内涵和科技原理，提高人们的历史文化素养。通过对文物的参观、学习和解读，观众可以丰富自己的知识储备，培养正确的价值观、审美观和世界观，提高综合素质。从社会价值来看，文物是国家的瑰宝，它们代表了一个国家的文化底蕴和历史地位，有助于提升国家的文化软实力。文物的展示和传播，可以增强民族凝聚力，促进文化交流与合作，扩大国家在国际社会的影响力。从经济价值来看，文物旅游和文化产业的发展，可以带动相关产业的繁荣，促进地区经济增长。

第九章　文物讲解的定制化与个性化

一、针对不同观众群体的文物讲解策略

学龄前儿童是一个特殊的观众群体，他们的认知能力有限，注意力不集中，对于文物的理解和欣赏存在困难。因此，针对这个群体的文物讲解需要采取一些特殊的策略，以满足他们的需求。首先，讲解内容要简单易懂。孩子们的语言能力和认知能力还不够成熟，他们很难理解复杂的词语和概念。因此，讲解人员应该用简单明了的语言解释文物的历史背景、制作工艺和文化意义等方面的内容，尽量避免使用专业术语和复杂的句子结构。其次，讲解方式要生动有趣。孩子们对于枯燥的讲解内容很容易失去兴趣，因此，讲解人员可以通过故事、游戏等方式，将文物的知识融入其中，使孩子们在参观过程中获得乐趣。比如，可以用动画片、绘本等媒介展示文物的故事，引导孩子们参与其中。再次，互动性也是讲解的重要策

略。孩子们需要参与感，通过与文物的互动，他们可以更好地理解和记忆文物的知识。因此，讲解人员可以设计一些互动环节，比如让孩子们触摸文物的模型、制作小手工或者设计一些互动游戏等，激发他们的兴趣和好奇心。最后，注意时间的控制。孩子们的注意力很容易分散，长时间的讲解会使他们感到疲劳和无聊。因此，讲解的时间应该控制在短时间内，每次讲解不宜超过 15 分钟，同时可以设置一些休息时间，让孩子们放松心情，恢复注意力。

中小学生观众群体是一个年龄较为特殊的群体，他们正处于身心发展的关键时期，同时具有好奇心和求知欲，对世界充满了好奇和渴望。因此，针对中小学生观众群体的文物讲解策略需要更加注重激发他们的兴趣、引导他们的思考以及培养他们的学术兴趣。首先，在讲解过程中应该注重多种感官的刺激，因为中小学生正处于感官发育的阶段。可以通过触摸文物、倾听文物背后的故事、观看文物的影像资料等多种方式来激发他们的兴趣。例如，在展览中设置触摸区域，让中小学生亲身感受文物的质感，通过触摸来建立他们与文物的亲密联系。其次，应该注重文物与中小学生的生活和学习的结合，使之产生共鸣。在讲解过程中，可以与中小学生分享与文物相关的历史故事，并与中小学生的学习内容相连接，从而引发他们的兴趣和想象力。例如，可以分享某个历史事件的故事，并与中小学生正在学习的相关历史课程进行对比和补充，以此来激发他们对历史的兴趣并提升他们的学术水平。另外，要注意与中小学生进行互动，鼓励他们提出问题和发表个人观点。中小学生正处于发展独立思考的阶段，他们希望能够表达自己的看法和疑问。最后，在文物讲解过程中，可以通过提问、小组讨论、游戏等形式来引导中小学生思考和表达。同时，教育工作者也要尊重中小学生的观点，鼓励他们勇敢表达，从而建立起互动与对话的教育关系。最后，针对中小学生的文物讲解策略还可以包括组织一些与文物相关的活动，如举办写作比赛、演讲比赛等，让中小学生亲身参与其中，通过亲身体验来感受文物的魅力和历史的价值。这不仅能够增强中小学生的学习兴趣，还可以帮助他们培养一些实践能力和表达能力。

随着社会的进步和发展，文化事业得到了广泛的普及和关注。越来越多的人开始关注文物，对于文物的保护和传承也提出了更高的要求。因此，对于大众观众群体的文物讲解策略至关重要。大众观众群体的文物讲解需要从最基础的知识开始讲起，如何保护文物、文物的鉴赏价值等等。通过生动、通俗易懂的语言，帮助观众了解文物的价值和意义，增加观众的文化素养。大众观众群体通常对于文物了解较少，需要通过互动的方式提高他们的兴趣和参与度，比如举办文物知识竞赛、亲身体验文物制作过程等。这样可以增加观众的参与感，让他们更加主动地参与到文化传承中来。大众观众群体的文物讲解需要用多样化的方式呈现，这样可以更好地满足观众的多元需求，使他们能够从不同的角度了解和欣赏文物。大众观众群体通常是个体差异性较大的群体，因此在文物讲解中要注重个性化的引导和讲解策略。可以通过问答互动、故事讲述等方式，根据观众的不同喜好和需求，开展个性化的文物讲解。大众观众群体的需求是多元化的，因此在实施文物讲解策略后，要定期进行评估和改进。可以通过观众调查、意见反馈等方式，了解观众的满意度和需求，及时进行优化和改善。

对于学术观众群体，文物讲解需要更加专业化和深入，以满足其对于知识深度和学术研究的需求。学术观众群体对于文物的背景和历史背景有着更深入的了解。文物讲解需要提供详细的历史和文化背景，深入分析文物的来源、制作工艺和意义。同时，可以引用学术研究成果，提供最新的学术观点和研究成果。学术观众群体对于文物更感兴趣的是其学术价值，讲解员可以引导观众进行深入的学术讨论。可以提出一些开放性的问题，激发观众的思考和讨论。同时，可以鼓励观众共享他们的学术观点和研究成果，促进学术交流和合作。学术观众群体对文物的细节等更加关注。讲解员可以着重讲解文物的细节、技术和制作过程，解答观众的专业问题。还可以进行技术解读，如化学成分分析、纤维分析等，以更加全面和深入的方式呈现文物。为学术观众群体提供专业的讲解资料，如详细的文物介绍、学术论文、研究报告等。这些资料可以为学术观众群体提供更多的学术资源和研究参考。如果条件允许，可以提供电子版的资料，方便学术观众群体进一步深入研究。讲解员可以根据观众的学术兴趣和需求，提供个性化的导览服务。这样可以更好地满足学术观众群体的需求，提供更加专业、深入的文物解说。

二、制定个性化的讲解计划和方案

制定个性化的讲解计划和方案需要确定讲解的主题和重点。主题是讲解的核心内容，是要向参观者传达的信息或观点。例如，如果讲解的主题是"中国古代陶瓷艺术"，那么重点可以包括不同历史时期的陶瓷艺术特点、代表作品和工艺技法等。在制定个性化讲解计划和方案时，需要找到文物的特色和亮点。这些特色和亮点可以是文物的历史背景、制作工艺、艺术风格等，能够吸引参观者的注意力，引起他们的兴趣和好奇心。例如，如果讲解的文物是一件陶瓷作品，可以强调它的精细刻画和独特的彩绘技法以及它所代表的时代特色。为了制定个性化的讲解计划和方案，需要整合文物的相关资料和历史背景。这些资料可以包括文物的年代、作者、历史故事等，以及与文物相关的历史事件或文化背景。通过深入了解文物的来历和历史背景，可以帮助讲解者更好地解读和解释文物，使参观者对文物的理解更加全面深入。除了讲解内容的设计外，个性化的讲解计划和方案还需要选择适合的讲解方式和交流技巧。不同的参观者有不同的需求和背景，因此讲解者需要灵活运用各种讲解方式和交流技巧，以满足参观者的个性化需求。可以通过引导式讲解、互动式讲解、故事式讲解等方式与参观者进行交流。在讲解过程中，讲解者可以提问、解答问题、分享个人观点等，与参观者进行互动。此外，通过展示相关图片、视频或使用多媒体技术也可以增加参观者的参与感和体验感。个性化的讲解计划和方案还需要考虑讲解时间的掌控和语言的选用。参观者的时间宝贵，因此讲解者应该把握讲解的时间节奏，避免讲解过于冗长或过于简略。同时，讲解者还需要根据参观者的文化背景和需求选择适合的语言。如果参观者来自不同的国家或地区，讲解者可以选择使用多种语言进行讲解，以便更好地与参观者进行沟通和交流。

在文物讲解中，制定个性化的讲解计划和方案是非常重要的。这不仅能让参观者更好地了解和欣赏文物，还能提高他们的参观体验。参观者的年龄、文化背景、兴趣爱好等因素都不尽相同，因此在制定讲解计划时，要充分考虑这些因素，以满足不同参观者的需求。例如，对于青少年群体，可以采用生动有趣、富有互动性的讲解方式，如虚拟导览、互动展示等，以激发他们对文物的兴趣。对于专家学者，则可以采用更深入、专业的讲解方式，以满足他们对文物知识的需求。讲解流程应尽量紧凑且富有逻辑性，避免重复和枯燥。在时间安排上，要根据参观者的需求和文物的特点来合理分配时间。例如，对于重要文物，可以安排较长的讲解时间，以便参观者深入了解文物的历史、艺术和文化价值。同时，要考虑到参观者的疲劳程度，适当安排休息时间，以保证参观者能够保持良好的精神状态。讲解时要尽量使用简洁、生动的语言，使抽象的知识点变得易于理解。针对不同年龄段和文化背景的参观者，可以采用不同的语言和表达方式。例如，对于外国游客，可以考虑使用英文或其他外语进行讲解，以便他们更好地了解文物。还可以运用故事、诗词等表现手法，使讲解更加富有情感和趣味。此外，还要注重对文物的保护和传承。在讲解过程中，要引导参观者正确对待文物，教育他们尊重和爱护文物。同时，要积极传播文物知识，提高参观者的文物保护意识。通过这种方式，让更多人参与到文物保护中来，共同为我国文物事业的发展贡献力量。博物馆不仅要继承和发扬传统讲解技艺，还要不断探索新的讲解方式和方法。例如，可以引入戏剧、舞蹈、音乐等艺术形式，将文物故事演绎得更加生动形象。同时，要注重培养新一代讲解人才，传承和发展我国文物讲解事业。通过这些措施，让文物讲解在新时代焕发出新的活力。

讲解员的培训和准备是定制化和个性化讲解的基础。讲解员需要全面了解文物的历史背景、文化价值、艺术特点等方面的知识，以便能够向观众提供详尽准确的讲解。培训课程可以安排专家、学者或文物保护人员来授课，也可以邀请一些具有丰富经验的讲解员分享经验。此外，讲解员还应定期参加学术研讨会、研讨班等，提升自己的专业水平。讲解员需要具备良好的沟通能力和表达能力，以便与观众进行有效的互动。培训可以包括口头表达技巧、肢体语言技巧、声音控制技巧等方面的内容。讲解员还可以参加演讲比赛、辩论赛等活动，提升自己的演讲能力。每位讲解员在参与讲解之前，应明确自己的职责和责任，包括讲解内容的准确性、讲解方式的互动性、态度和形象等方面。讲解员需要明确自己在讲解中所扮演的角色，如导游、专家、解说员等，以便更好地满足观众的需求。讲解员可以根据观众的需求和特点以及所讲解的文物的特点和重点进行个性化讲解，以便能够直接引导观众理解文物的历史、文化以及艺术价值。这可以包括对文物简要的介绍、详细的解读、与观众的互动等内容，以满足观众对文物的多样需求。在讲解员的培训和准备过程中，还需要注重实践和反思。讲解员可以通过实地讲解、模拟讲解等方式进行实践，从中总结经验，发现问题，并及时进行调整和改进。此外，讲解员还可以互相交流和分享经验，以提升自己的讲解能力。

三、引导观众主动参与和互动

在博物馆内，观众通常只能被动地欣赏文物，而缺乏与文物的互动和参与感。而引入互动环节，可以让观众更加主动地参与和互动，使他们对文物的了解和体验更加深入和丰富。通过为观众设置互动环节，让他们亲身体验文物所带来的魅力。在展示与古代工艺相关的文物时，可以设立一个手工制作工坊，让观众亲自体验制作工艺，并亲手制作一件小工艺品。这不仅能增加观众对这些古代工艺的了解和欣赏，同时也能增加观众对文物的参与感和亲近感。博物馆还可以设置一些有趣的互动游戏和活动，使观众在游览博物馆的过程中参与其中。例如，在展示与古代战争相关的文物时，可以设立一个模拟战斗的游戏区域，让观众在游戏中体验古代战争的策略和技巧。通过这种方式，不仅能增加观众的参与感和乐趣，还能增加观众对文物的了解和兴趣。此外，还可以布置一些互动展示区域，让观众可以触摸、试穿、试用一些文物或与文物有关的物品。例如，在展示与古代服饰相关的文物时，可以设立一个试穿区域，让观众可以亲自试穿古代服饰，感受古代人的生活方式和美。通过引入互动环节，观众不再只是被动地欣赏文物，而是可以亲身参与和体验。这样一来，观众对文物的理解和欣赏不仅停留在形式和表面上，还能深入文物背后的历史背景和文化内涵中。同时，互动环节也能增加观众的参与感和乐趣，提升博物馆的参观体验。

观众参与度的提升与引导策略对于文物讲解的定制化与个性化非常重要。通过引导观众主动参与和互动，可以增加他们对文物的理解和兴趣，进一步提升他们的参观体验。博物馆可以通过提供多种多样的互动活动来引导观众的参与。例如，设置触摸展示区域，让观众可以亲自触摸和感受文物的质地和形状；设置互动展示牌，包括问题、谜题或者小游戏，让观众积极思考和参与讨论；设置 VR 或 AR 技术体验区域，让观众可以通过虚拟现实或增强现实的技术手段与文物进行互动；还可以设置专门的工作坊或者研讨会，邀请观众亲自参与文物修复、复原或者制作过程，增强他们对文物保护与修复的了解。讲解员可以通过激发观众的好奇心、引导观众提出问题、提供多样的观察角度和解读文物的方法等方式，让观众主动参与到讲解过程中。同时，讲解员也可以根据观众的不同需求和文化背景，个性化地进行讲解，例如通过不同的语言、不同的故事情节或者与观众的亲身经历相关的讲解方式，提高观众的参与度和理解力。

在博物馆文物的利用与讲解中，创新讲解方式与观众参与度有着密切的关系。传统的文物讲解方式通常是由专业讲解员通过口头讲解或文字解说的方式介绍文物的历史背景、文化内涵和艺术特点。然而，随着观众需求的多样化和个性化，单纯的口头讲解已经无法满足他们的需求。随着科技的发展，许多博物馆开始采用智能导览系统、虚拟现实技术、互动屏幕等方式来进行文物讲解，使观众可以更加直观地了解文物。例如，在科技展示区，观众可以通过触摸屏幕或操纵手柄，观看文物的 3D 模型、实景模拟和影像资料，从多个角度感受文物的美丽和独特之处。这种创新的讲解方式使观众参与度大大增加，增强了他们的体验感和学习效果。在文物讲解中，观众的兴趣和知识水平有所差异，因此个性化的讲解方式非常重要。博物馆可以通过观众调查、教育背景筛选和数据分析等手段来了解观众的需求和偏好，并针对不同的观众群体进行有针对性的讲解。例如，对于小学生，可以采用趣味性和互动性较强的方式，如讲解员带领观众进行文物寻宝游戏，让他们在寻找文物的过程中了解文物的历史故事和文化背景。而对于专业人士，可以提供更加深入和专业的讲解，比如与专家学者进行座谈或举办专题研讨会等。文物不仅仅是一种展品，更是一种载体，它代表着历史的积淀和文化的传承。因此，在文物讲解中，我们可以引导观众通过观察、思考和互动等方式来发现文物背后的故事和文化内涵，激发观众的创造性思维和批判性思维。

第十章　博物馆与科技的结合

一、虚拟博物馆的建设与利用

虚拟博物馆是指通过计算机技术和网络技术将博物馆的展品以数字化的形式展示出来，让观众通过互联网等媒介远程欣赏、学习和研究。虚拟博物馆的建设和利用对于推动文化传承、宣传国家形象、提升博物馆服务水平具有重要的意义。首先，虚拟博物馆的建设和利用可以突破时间和空间的限制。传统的博物馆由于展览场地和珍贵文物的限制，只能容纳有限的观众，而且观众需要亲自前往博物馆才能参观。而虚拟博物馆通过网络的方式，可以让观众随时随地在线参观，无论是在家中、学校还是旅途中，都能够欣赏到博物馆的珍贵文物。其次，虚拟博物馆可以保护和保存珍贵文物。随着时间的推移和自然环境的变化，博物馆所收藏的文物可能会逐渐损毁或减少，特别是那些易受氧化、光照和湿气等因素影响的文物。通过数字化的方式，将这些文物转化为数字图像或者模型，可以确保其永久保存和保护，避免了因为人为因素或自然因素而丢失的风险。再次，虚拟博物馆还可以拓宽博物馆的观众群体。传统博物馆由于展品的限制和参观条件的限制，往往只能吸引本地或者少数特定群体的观众。而虚拟博物馆可以通过互联网传播，触达全国乃至全球的观众，不仅可以增加博物馆的知名度和影响力，也可以吸引更多的观众参与和交流。最后，虚拟博物馆还可以提供更加全面和多样化的展览内容。虚拟博物馆可以将文物的不同侧面、各个细节以及文化背景进行深入解析和展示。观众可以通过虚拟博物馆的平台，自由探索、深入了解文物的历史故事和文化内涵。同时，虚拟博物馆还可以借助多媒体和互动技术，让观众参与其中，增加观赏的趣味性和互动性。

虚拟博物馆是指通过网络、多媒体技术和虚拟现实技术构建的一个数字化的博物馆展示平台。它在博物馆领域具有重要意义，能够突破时间和空间的限制，让更多的人有机会欣赏到具有重要历史和文化价值的文物。虚拟博物馆的建设和利用离不开科技平台的支持。虚拟博物馆的展示需要高清晰度的影像和视频，因此需要先进的摄影技术和设备。摄影师和技术人员通过专业的拍摄手法和设备，将文物的细节和美感完美呈现。同时，为了实现虚拟空间的构建，还需要三维建模技术和计算机图形学技术的支持，这样才能实现对文物的立体展示和还原。传统的博物馆展览主要依靠图片和文字的展示，而虚拟博物馆则更加注重多媒体的应用。通过音频、视频、动画和互动等形式，可以更加直观地展示文物的历史、特点和价值。而这些多媒体内容的制作和编排，离不开多媒体技术人员的专业技能和软件工具的支持。虚拟博物馆是通过网络展示的，所以网速、流畅度和安全性是非常重要的。为了保证用户能够顺利访问虚拟博物馆，需要有稳定的网络基础设施和高速的网络连接，同时还需要进行网络安全加固，防止信息泄露和黑客攻击。当前，随着人工智能、虚拟现实和增强现实技术的不断发展，虚拟博物馆也有了更多的可能性。比如，通过人工智能技术，可以实现对文物的自动识别和分类，提供更加精准的搜索和导览服务。通过虚拟现实和增强现实技术，可以让观众融入虚拟博物馆的场景中，与文物进行互动体验。

虚拟博物馆的利用丰富了博物馆的传播渠道。传统博物馆的传播范围有限，观众需要在特定时间、地点才能参观展览。而虚拟博物馆则可以充分利用互联网的普及，让更多人随时随地了解和欣赏文物，提高公众对博物馆及文化的认知度。通过虚拟博物馆，我们可以将壮美中华的璀璨文化传递给全球观众，促进文化交流与传承。实体博物馆的文物展出空间有限，观众很难细致观赏每一件展品。虚拟博物馆则可以通过高清图像、3D模型、虚拟现实等技术，让观众全方位、多角度地欣赏文物，深入了解其历史背景和文化内涵。此外，虚拟博物馆还可以通过数字化技术动态展示文物，如敦煌壁画、秦始皇陵兵马俑等，让观众感受其千年魅力。传统博物馆教育主要以现场讲解、展览配套资料等方式进行。虚拟博物馆则可以借助网络平台，开展线上讲座、互动问答、虚拟导览等活动，使观众在参观过程中获得更多趣味性和参与感。同时，虚拟博物馆还可以结合大数据分析，为观众提供个性化推荐服务，提高教育的针对性和有效性。实体博物馆在文物保护、能源消耗、场地租赁等方面面临诸多挑战。而虚拟博物馆可以减少实体博物馆在这些方面的压力，降低运营成本。同时，虚拟博物馆还可以根据观众需求及时调整展览内容，使博物馆更具活力。为推动虚拟博物馆在我国的广泛应用，各级政府和博物馆应加大对虚拟博物馆建设的投入，提高文物数字化技术水平。同时，加强虚拟博物馆的推广，让更多人了解和利用这一新型博物馆形态。加强虚拟博物馆的宣传推广，提高公众的认知度。通过各类媒体、线上线下活动，让公众了解虚拟博物馆的功能和优势，引导他们参与到虚拟博物馆的参观、学习中。结合博物馆实体展览，充分挖掘文物的历史、文化价值，打造具有特色和吸引力的虚拟展览，满足不同观众的需求。通过线上讲座、知识竞赛、虚拟导览等方式，提高观众的参与度和满意度。同时，鼓励观众在虚拟博物馆平台上发表评论、分享心得，形成良好的互动氛围。整合各级博物馆的资源，实现虚拟博物馆之间的互联互通，让观众可以一站式参观全国各地的博物馆，感受中华文化的博大精深。与国际知名博物馆、文化机构开展合作，共享文物资源，推广中华文化，增进国际文化交流。

二、增强现实技术在文物讲解中的应用

增强现实技术（Augmented Reality，简称AR）是指通过计算机科学和图像处理技术，将虚拟世界与现实世界进行混合，使用户可以在真实环境中看到虚拟物体，并且能够与之进行互动。在博物馆文物讲解中，增强现实技术可以为观众创造出更加丰富、生动的展览体验。通过增强现实技术，博物馆可以将文物与相应的历史场景相结合，仿佛将观众带回到过去的时空中，让他们身临其境地感受历史文化的魅力。例如，在展览场馆中，观众可以穿戴增强现实技术设备，通过虚拟现实的方式观看古代建筑的重建，感受古代建筑的壮丽和历史价值。在博物馆中，往往有很多文物只能以文字或简单的图片形式展示给观众，观众无法深入了解文物的细节。而利用增强现实技术，博物馆可以将文物的各个细节以虚拟模型的形式展示出来，观众可以通过增强现实技术设备观看文物的全貌、细节和结构特征。同时，增强现实技术还可以与观众进行互动，提供更多文物背后的故事和相关的历史资料，深入解读文物的文化意义。通过增强现实技术，博物馆可以创建多重层次的展览空间，观众可以体验到由虚拟和实际空间相结合所带来的身临其境的感觉。例如，在展览场馆中，可以利用增强现实技术展示多件文物同时存在于同一空间的奇幻效果。此外，增强现

.

实技术还可以为观众提供音频、视频等多媒体形式的展示，增加观众对文物展览的兴趣和参与度。

在博物馆中，增强现实技术可以为观众提供更加丰富、生动、互动的展览体验。通过增强现实技术，可以将古代建筑、文物等虚拟还原到现实环境中，让观众感受到文物的壮丽与气势。比如，在一座古代宫殿遗址上，通过增强现实技术，可以将宫殿的外墙、宫门、雕塑等元素重新栩栩如生地展示给观众，让他们仿佛置身于古代宫殿之中。增强现实技术可以在文物上添加文字、音频、视频等解说内容，帮助观众更好地理解文物的历史背景、文化内涵。观众只需拿起手机或配戴增强现实技术眼镜，就可以在观看文物的同时，获得相应的解说信息，提升学习的效果。增强现实技术可以将文物转换为可交互的虚拟对象，观众可以通过手势、声音等方式与虚拟文物进行互动。比如，在一个展览中，通过增强现实技术可以将一件古代武器虚拟呈现出来，观众可以通过手势来触摸、旋转、放大、缩小等操作，感受古代武器的制作工艺和使用方式。增强现实技术可以将教育资源和内容直接融入博物馆展览中，为观众提供更有趣、互动的学习体验。比如，在一次历史展览中，通过增强现实技术，可以将历史事件的重要场景重新呈现出来，观众可以亲临历史现场，了解历史事件的过程和影响。

在博物馆中，增强现实技术也需要不断创新，才能为观众提供全新的展览体验。一种创新的方式是通过增强现实技术使文物重现其原貌。许多文物因为年代久远或者受到损坏，无法完全呈现其原貌。然而，通过增强现实技术，观众可以通过专门的设备或者手机应用，将虚拟的图像叠加在文物上，使其恢复到原本的样子。例如，在观看一幅古代壁画时，增强现实技术可以将缺失的色彩和细节补全，使观众能够欣赏到更加完整的作品。另一种创新的方式是通过增强现实技术还原文物的历史场景。博物馆通常会收藏一些与历史事件相关的文物，如战争中使用的武器、古代建筑的模型等。通过增强现实技术，观众可以在现实环境中看到虚拟的历史场景，与虚拟的人物进行互动。例如，在观看一场战争场景时，观众可以看到虚拟的士兵们在实际的战场上作战，感受到当时的氛围和紧张感。

此外，增强现实技术还可以提供更加生动的文物解说。在传统的文物展示中，观众往往需要阅读文字或者听取讲解员的介绍来了解文物背后的故事。而通过增强现实技术，观众可以通过扫描文物展示台上的二维码或者使用手机应用，即刻获得对文物的详细解说。这样不仅提升了观众的参与度，还能够为观众提供个性化的展览体验。另外，增强现实技术还可以创造互动性的展览。观众可以通过手势或者声音与虚拟的文物进行互动，触发不同的反应或者进行游戏。这种互动性的展览方式不仅更加吸引观众的注意力，还能够提升观众的参与感和学习效果。

三、科技在文物保护和展示中的作用

数字化保护和修复是科技在文物保护和展示中的重要作用之一。数字化保护和修复利用先进的数字技术手段，通过三维扫描、影像处理和数据库建设等工作，对文物进行全面、准确的数字化记录和保存，以实现文物的永久保存和不可逆损坏的防范。首先，数字化保护和修复可以对文物进行三维扫描。传统的文物保护和修复方法可能会对文物造成二次破坏，而三维扫描可以非接触性地获取文物的几何信息，并将其转化为数字化的三维模型。这样一来，文物可以在电脑上进行观察和研究，减少人为操作对文物的伤害。其次，数字化保护和修复可以通过影像处理对文物进行修复。由于历史的漫长和文物本身的特点，许多文物都存在着损毁和缺口。传统的修复方法需要专业技术人员进行手工修复，不但修复时间长且受限于人工技术水平。而数字化保护和修复可以利用影像处理技术对文物进行修复，将缺口的部分进行数字修复，使文物的完整性得以恢复。最后，数字化保护和修复还可以通过数据库的建设，对文物进行准确的数字化记录和保存。利用数据库可以将各种文物信息进行分类、整理和检索，不仅便于管理和查询，还可以使文物的信息得到广泛传播和分享。通过数据库，即使某个文物遭受了破坏或失窃，我们依然可以通过数字化记录来准确定位和追踪文物的去向。

虚拟展览和云展厅在科技与文物保护和展示领域的结合中发挥着重要作用。它们扩展了博物馆的触角，使更多人能够参观和了解博物馆中的文物。下面是虚拟展览和云展厅在文物保护和展示中的优势。首先，虚拟展览和云展厅突破了时间和空间的限制。传统的博物馆展览仅限于特定的时间和地点，而虚拟展览和云展厅使人们可以在任何时间、任何地点通过互联网参观博物馆的文物。这就意味着，人们无须亲自前往博物馆，就可以享受到丰富多样的文化艺术的呈现和分享。其次，虚拟展览和云展厅提供了更多展示文物的方式。通过使用 3D 技术和虚拟现实技术，虚拟展览和云展厅可以模拟真实的展览空间，使观众可以沉浸式地体验文物。观众可以通过缩放、旋转和拖动来查看文物的细节，并且与文物进行互动。这种多媒体的展示形式不仅提升了观众的参与度，也使文物的展示更加生动有趣。再次，虚拟展览和云展厅为文物保护提供了一个安全的环境。有些文物由于年代久远或材质特殊的缘故，对环境和触摸十分敏感，难以在博物馆中展示。通过数字化的方式，文物可以以高分辨率的图像或视频形式展示，减少了物理接触和环境损害的风险。最后，虚拟展览和云展厅还提供了更多的交互和参与方式。观众可以通过在线讲解、评论和分享文物，与其他观众和专家进行文化艺术的交流和互动。博物馆可以通过在线活动、讲座和学术研讨会等形式，吸引更多的观众参与，促进文化艺术的传承和创新。

在当今社会，科技的发展日新月异，博物馆也在不断地寻求与科技的结合，以更好地保护和展示文物。科技在文物保护和展示中发挥着重要作用，让壮美中华璀璨文化得以传承和发扬。传统的修复方法是我国丰富的文化遗产，但随着科技的进步，许多大型博物馆开始采用先进的科技手段来保护文物。例如，采用数字化技术对文物进行三维扫描，以便在修复过程中精确地还原文物的原貌。此外，科学家们还利用科技手段对文物进行无损检测，分析文物的材质、结构及病害，为文物的修复提供科学依据。借助现代科技手段，博物馆可以生动地展示文物的历史背景和文化内涵。此外，数字博物馆的建立也让观众可以随时随地欣赏珍贵文物，进一步扩大了文物的影响力。如今的博物馆纷纷采用智能导览系统，为观众提供个性化的参观路线和讲解服务。通过手机 APP 或自助导览设备，观众可以轻松获取文物的详细信息，包括历史背景、艺术特点、背后故事等。这不仅提高了参观体验，还让观众更深入地了解文物的价值。博物馆可以利用高科技手段监测文物库房、展厅的温湿度、光照等环境因素，确保文物在最佳环境下保存。同时，科技还可以对博物馆的安全系统进行实时监控，保障文物的安全。

科技展品和互动展示是博物馆利用科技手段来保护和展示文物的一种重要做法。这种方法通过结合虚拟现实、增强现实、全息投影等技术，使观众能够以更直观、生动的方式了解文物的历史、文化和艺术价值。通过 3D 扫描和打印技术，博物馆可以复制出文物的精确模型，并将其与原始文物进行比较展示。观众可以亲眼观察到文物的细节，甚至可以近距离触摸和感受文物的纹理和质感。这种模拟方式不仅能够更好地保护原始文物，而且还能够让观众更加深入地了解文物的内涵。通过触摸屏、交互式投影和感应设备等技术，观众可以主动参与文物展示的过程。他们可以通过触摸屏选择不同的展示内容，了解文物的历史、制作工艺和用途。他们还可以利用交互式投影参与文物重现的场景，体验古人生活的方式和情景。这种互动方式不仅能够增加观众的参与感和参观的乐趣，而且还能够深化观众对文物的理解和记忆。通过全息投影技术，博物馆可以将文物的形象以立体、逼真的方式呈现给观众。观众可以在虚拟的空间中欣赏文物的细节，感受文物的魅力。这种全息投影方式不仅能够更好地保护文物，使其远离观众的触摸和损坏，而且还能够突破原有展示方式的限制，为观众带来更多的艺术享受。

第十一章　博物馆教育活动的策划与实施

一、学校教育活动

博物馆是知识的宝库，展览馆内陈列着各种各样的展品，涵盖着各个领域的知识。学生可以在博物馆中观看、触摸、倾听和亲身体验到真实的展品，从中获取直观、生动的知识信息。学生在自然科学博物馆中可以亲眼见到化石、动植物标本等，从而对生物学知识有更深入的理解。此外，博物馆的展品往往与学校教材内容密切相关，学生去博物馆可以使学习内容更加生动、形象，帮助学生更好地理解和掌握知识。博物馆不仅是知识的展示场所，也是思维的激发场所。学生在博物馆观察展品、阅读解说，可以激发他们的思考和探索欲望。比如，学生在历史博物馆可以通过观察历史文物和史实推断和理解历史事件的发展过程，培养他们的逻辑思维能力。另外，博物馆也经常举办互动展览和参与性活动，让学生参与其中，激发他们的创造力和创新思维。博物馆是艺术的殿堂，展馆内陈列有各种艺术品和文物。学生在博物馆中可以欣赏到许多不同风格的艺术作品，如绘画、雕塑、陶瓷等，可以感受到美的力量和艺术的魅力。通过欣赏和解读艺术作品，学生可以培养自己的审美情趣，并且从中汲取灵感，发展自己的艺术能力和创造力。同时，博物馆的展品往往也代表着不同的文化遗产，学生在接触多样化的文物时，可以培养对不同文化的尊重和理解，提升自己的文化素养。

博物馆教育活动的主要目的是通过各种方式向学生传递知识，培养他们的兴趣和思考能力。因此，教育性原则是策划教育活动的核心原则。策划者应该根据学生的年龄、知识水平和兴趣爱好，选择适合的展品和教育资源，设计有趣、互动性强的教育活动。博物馆教育活动应该能够和学生的学习内容相结合，使学生在活动中能够掌握和应用所学的知识。策划者可以事先与学校教师进行沟通，了解学生的学习内容和教学目标，然后根据这些信息来策划活动，使活动与学校教学内容相结合。学生参加博物馆教育活动的需求和兴趣各不相同，策划者要根据学生的个体差异，为不同的学生提供不同的学习机会和体验。例如，可以设计不同难度和类型的任务，满足学生在认知和操作上的不同需求。博物馆作为公共场所，活动的安全性是策划者要考虑的重要因素。策划者应该了解博物馆的安全规定和博物馆展览区域的安全情况，并在活动中采取相应的安全措施。同时，策划者也应该对学生进行必要的安全教育，引导学生在博物馆内保持基本的秩序和安全意识。博物馆是一个独特的教育环境，策划者应该充分考虑活动在这个环境中的特点和限制。例如，策划者可以利用博物馆的展览空间和展品布置进行创意设计，使学生能够更好地融入这个环境，产生更好的学习效果。博物馆教育活动应该注重师生的参与和互动。策划者应该引导学生积极参与活动，提出问题、观察展品、进行讨论等，促进学生的思考和交流。同时，策划者也应该与学生保持良好的沟通，了解学生的学习需求和反馈，及时调整策划方案。

学生去博物馆的教育活动是一种重要的教育方式，通过博物馆的参观与学习，可以使学生更好地了解和学习文化知识，激发他们的学习兴趣和创造力。学生可以跟随导游或博物馆工作人员的引导，参观展厅、展品等，了解不同文化历史与知识。同时，导游或讲解员还可以为学生讲解展品的意义、历史背景和艺术风格，使学生更加深入地理解展品的内涵。博物馆可以设置一些让学生参与互动与体验的活动，如手工制作、实验、游戏等。通过这些活动，学生可以亲身参与，加深对文化知识的理解和记忆。比如，在历史博物馆中，可以设置打造古代工艺品的活动；在科技博物馆中，可以设置科学实验的活动等。博物馆可以邀请相关领域的专家或学者，给学生进行专题讲座和讨论。这样可以增强学生对某一领域知识的深入了解，激发学生对该领域的兴趣。比如，在美术博物馆中，可以邀请艺术家给学生讲解绘画技巧与艺术理论；在历史博物馆中，可以邀请历史学者给学生讲解历史事件的背景和影响等。

　　随着科技的发展，越来越多的博物馆开始使用互联网和多媒体技术进行教学活动。博物馆可以开发与展品相关的网站、APP 等，让学生在博物馆之外进行学习和探索。同时，还可以在博物馆内设置多媒体展示，通过音频、视频等方式向学生展示文化知识。

二、青年人活动

　　对于青年人来说，他们对于特别展览的兴趣更加浓厚，因此，引导他们参观和讲解特别展览是非常重要的。首先，为了吸引青年人对特别展览的兴趣，博物馆可以在展览设计和主题选择上下功夫。特别展览的设计要尽量创新与时尚，采用更加年轻化、有趣味性的手法。展览主题可以选择与青年人相关的热门话题，如时尚、音乐、电影等，或者是关注社会热点和青年人关心的议题，如环保、性别平等等。通过展览的创新性和内容的吸引力来激发青年人的参观欲望。其次，在特别展览导引的过程中，博物馆可以结合青年人的特点，采取一些创新的形式和方式。比如，可以请专业的讲解员给青年人进行导览，但是要注意让讲解员的口语流利、亲和力强，能够与青年人进行良好的沟通。另外，可以结合多媒体技术，利用视频、音频等方式展示相关的知识和故事，让青年人更加直观、形象地了解展览内容。此外，针对青年人对特别展览的兴趣和学习需求，博物馆也可以开展一些互动性的活动。比如，可以设置一些趣味性的小游戏或互动环节，让参观者在游览展览的同时，能够参与进来，增加参观的乐趣。同时，也可以设置一些与展览相关的讲座、工作坊等活动，邀请相关领域的专家学者为青年人进行深度解读和交流，让他们在参观的过程中能够学到更多的知识。

特别展览导引是博物馆教育活动中的一个重要环节，它通过为观众解读展览内容，引导他们深入了解和思考，提供参观的主题性和互动性，从而达到教育和启发的目的。在特别展览导引中，青年人的参与是非常重要的，他们年轻、活力充沛，有较强的学习和传播能力，能够与观众产生更好的互动和交流。青年人需要对展览的主题有所了解。他们可以通过阅读相关资料、参观策展的讲解会议等方式，深入了解展览的内容、背景和意义，并掌握一定的专业知识。这样可以帮助他们更好地为观众解读展览，回答观众的问题，增加展览的可理解性和互动性。在展览导引的过程中，他们可以与观众进行有趣的交流和互动，让观众参与到展览中来，提出自己的观点和思考。他们可以设计一些引导性的问题，通过探讨与讨论，激发观众的思考和兴趣。同时，他们还可以借助现代科技手段，比如利用手机 APP、扫码等方式，为观众提供更加直观的信息和互动方式。青年人在特别展览导引中还可以设计一些互动性的教育活动。比如，可以设置一些游戏环节，让观众在游戏中学习和体验展览的内容；还可以组织一些工作坊和讲座，让观众能够亲身参与到艺术创作或手工制作中，提高他们的艺术欣赏能力和动手能力。青年人在特别展览导引中需要注重观众的需求和感受。他们可以通过观众的反馈和评价，不断改进和完善导引的方式和内容，提高观众的参与度和满意度。同时，他们应该注重观众的身心健康，确保导引过程中的安全与舒适，营造良好的参观和学习环境。

青年创意设计大赛是博物馆教育活动中的一项重要内容，通过此项比赛可以激发年轻人的创造力和创新意识，培养他们的设计能力和艺术表达能力。以下是策划和实施青年创意设计大赛的一些建议。青年创意设计大赛的主题应该紧密联系博物馆的特色和主题展览，既能够吸引参赛者的兴趣，又能够激发他们对文化艺术的热爱和思考。可以开放给在校大学生、高中生或其他有创意和设计能力的年轻人参加。可以根据不同的参赛对象设置不同的组别，以保证参赛者之间的公平竞争。可以根据参赛者的表现设置一、二、三等奖以及优秀奖、鼓励奖等。还可以设置最佳创意奖、最佳表达奖、最佳艺术设计奖等特别奖项，以表彰年轻人在不同方面的优秀表现。可以接收各种形式的参赛作品，包括插画、海报设计、雕塑、手工制作、服装设计等。鼓励参赛者创新，可以提供一些参考材料或者提供一些限制条件，让参赛者在特定的限制下发挥自己的创意。制定明确的参赛规则，包括作品提交时间、形式、大小、数量等要求。要求参赛者注明作品的名称、创作灵感和意义等相关信息。还可以要求参赛者提交一份创作说明，解释作品的设计理念和实现方式。成立专门的评审团队，由博物馆工作人员、艺术专家和相关领域的专业人士组成。评审团队可以从作品的创意性、艺术性、表达能力和技术水平等方面进行评分，并根据评分结果选出获奖作品。选出获奖作品后，可以组织相关的展览活动，在博物馆内或者其他场所展示参赛作品，并在闭幕式上进行颁奖。可以邀请相关媒体进行报道，增加活动的影响力。青年创意设计大赛不仅是一项比赛，更是一次展示和激励年轻人创造力和创新能力的机会。无论是否获奖，都要给予参赛者充分的肯定和鼓励，为他们提供展示作品的机会，并积极探索与之合作或者进一步培养的可能性。

三、长者与专家学者活动

在博物馆的教育活动中，专家讲座是一项非常重要的内容。借助专家的知识和经验，可以为观众提供深入的学术讲解，增加他们对于博物馆藏品的理解和欣赏。博物馆专家讲座是一种以专家学者为主讲人的学术活动。一方面，这是一种知识传承和学术研究的方式，让专家学者有机会分享他们的研究成果和学术观点；另一方面，这也是一种公众教育的方式，为广大观众提供了深入了解知识的机会。博物馆可以邀请相关学科的专家学者来进行讲座。他们可以是历史学家、考古学家、艺术史学家等，根据博物馆的藏品特点和主题进行选择。专家学者应该有一定的声望和学术资历，能够通过讲座向观众传递专业的知识和信息。博物馆可以选择适当的讲座主题。讲座主题应该与博物馆的藏品和展览内容相关，符合观众的兴趣和需求。例如，如果博物馆展出了一批古代文物，可以邀请考古学家讲解这些文物的历史背景、文化价值和研究成果；如果博物馆展出了一批绘画作品，可以邀请艺术史学家谈论这些作品的艺术风格、创作背景和艺术价值等。在策划专家讲座时，博物馆应该考虑观众的特点和需求。如果观众主要是学生，那么讲座内容可以简洁明了，注重生动的讲解和互动交流；如果观众主要是专业研究人员，讲座内容可以更加深入和专业化，涉及较高级的理论和方法。通常情况下，专家讲座可以结合博物馆的特定展览或活动进行，以便吸引更多观众的参与。此外，博物馆可以利用现代技术手段，如网络直播或录像，将讲座内容传达给更多的观众。

随着人口老龄化的趋势，博物馆作为文化教育机构，应该充分发挥自身的优势，为长者提供丰富多样的教育活动。其中，长者参观团活动是一种常见且受欢迎的形式，可以让长者通过参观博物馆的展览，增加知识、拓宽视野、丰富精神生活。为了组织一支优秀的长者参观团，我们需要精心策划活动内容。可以根据博物馆的特色和展览主题，选择一到两个有代表性的展览进行参观。同时，根据长者的兴趣和需求，可以安排一些专题讲座或工作坊，邀请博物馆的专家学者现场解读，让长者更加深入了解展览内容。此外，可以组织一些互动环节，例如问答游戏、手工制作等，增加参与感和乐趣。在实施长者参观团活动时，需要有专门的导览员或志愿者负责引导和解说。导览员应该具备丰富的相关知识，并了解长者的特点和需求，用简明易懂的语言向他们介绍展览内容，并及时回答他们的问题。导览员还应该注意照顾长者的身体状况，避免他们过度疲劳或不适。为了保证参观团的质量，我们可以设立一些参观团的条件和要求，例如年龄限制、参观团人数限制等，确保每个参与者都能够充分享受到博物馆教育活动的益处。此外，为了方便长者参观，可以提供一些便利设施，例如座椅、扶手等，同时提供一些便捷的服务，例如提供轮椅或扶行器等，让长者能够自由参观。

长者参观团活动不仅能够满足长者们的学习需求，还可以提供一个交流的平台，让长者们互相交流和分享心得。同时，活动还可以增加长者对博物馆的参与感和归属感，让他们感受到社会的关怀和尊重。

文化活动与传统手工艺体验是博物馆教育活动的重要组成部分，不仅可以让参与者了解传统文化的魅力，还能够体验制作过程中的乐趣，提高参与者的创造力和动手能力。在策划阶段，首先需要选择适合的传统手工艺项目。可以选择传统的织染手工艺、陶艺、剪纸等，根据博物馆的特色及参与者的需求进行选择。比如，如果是一个历史博物馆，可以选择与古代服饰相关的织染手工艺；如果是一个民俗博物馆，可以选择与传统民俗活动相关的手工艺。其次，为了使活动更加丰富有趣，可以请相关的专家学者来进行指导。他们可以讲解相关的历史文化知识，比如传统手工艺的由来、发展等，还可以分享一些有趣的故事和传统的技巧。专家学者的参与不仅可以提高参与者的学习兴趣，还能够增加活动的权威性和专业性。

　　接下来是实施阶段。首先，需要准备好相关的材料和工具，确保每个参与者都能够得到自己的一份。同时需要配备一名指导员，他们可以负责现场的技巧指导和问题解答。在活动中，参与者可以根据专家学者的指导，亲手制作自己的作品。可以考虑设置多个制作工位，让参与者能够自由选择自己感兴趣的手工艺项目并进行体验。在实施活动的过程中，可以适时地安排一些互动环节，增加参与者之间的交流和互动。比如，可以设置一个展览区域，让参与者将自己制作的作品展示出来，与他人分享和交流。还可以设置一个传统文化知识问答环节，让参与者能够通过问答的方式学习更多的传统文化知识。在活动结束后，可以请专家学者进行总结和点评，让参与者能够对自己的作品进行更加全面的评价和反思。同时也可以为参与者颁发证书或奖品，鼓励他们的参与和创造。

　　书画展览和作品展示是博物馆教育活动中常见的一种形式，可以通过展示传统与现代书画作品，向观众传达艺术的美感和文化内涵。对于长者和专家学者活动来说，书画展览和作品展示也是一个非常适合的主题。首先，书画艺术有着悠久的历史和独具特色的艺术风格，可以展示中国传统文化的魅力。通过展览不同时代、不同风格的书画作品，观众可以对中国的书画艺术有一个全面的了解，体验到其中的独特之处。同时，书画艺术也蕴含着深刻的文化内涵，可以通过解读作品中的题字、图案和意境，给观众带来丰富的文化体验。其次，在书画展览和作品展示中，专家学者的参与是非常重要的。他们可以担任解说员、撰写展览说明和导览手册，为观众提供专业的解读和指导。专家学者的角色不仅可以增加展览的权威性和可靠性，还可以通过与观众的互动，传授书画艺术的知识和技巧。同时，书画展览和作品展示还可以创造出丰富的互动环节，使观众不仅仅是单纯地观赏作品，而是能够参与其中。例如，可以组织书画比赛、写生活动，让观众亲身参与书画创作的过程，感受艺术的乐趣和创作的快乐。此外，还可以设置互动展区，提供一些简单的书画教学和体验活动，让观众可以亲自动手，感受书画艺术的魅力。最后，书画展览和作品展示的策划与实施需要注意以下几点。一是要选择合适的主题和作品，确保展览内容与观众背景和兴趣相符。二是要设计展览的布局和陈列方式，让观众能够有序地参观和欣赏作品。在展览解说和指导中，要根据观众的需求和水平，进行不同程度的讲解和指导。三是在展览结束后，要做好观众的反馈收集和总结工作，及时改进和完善教育活动。

第十二章　博物馆社区参与和社会活动

一、开展博物馆社区参与项目的策划

博物馆是社区的重要组成部分。博物馆作为一个文化、教育机构，不仅拥有丰富的藏品和知识资源，还承担着传承文化、促进社会教育的使命。社区则是人们日常生活、工作的重要场所，博物馆与社区相结合，可以更好地满足居民的文化需求，提高社区的文化氛围，增强社区凝聚力。博物馆可以举办各种展览、讲座、活动等，为社区居民提供丰富的精神食粮；同时，社区也为博物馆提供了广阔的观众群体和丰富的社会实践场所。在这种相互支持的关系中，博物馆与社区共同发展，实现共赢。博物馆通过举办各类展览、活动，可以让社区居民了解不同地域、历史、文化背景的知识，促进文化的传播与交流。同时，社区也可以将本地区的特色文化、民俗传统等展示给更多的人，增强文化自信。博物馆的教育功能有助于提高社区居民的素质和修养，丰富居民的精神文化生活。社区居民通过参与博物馆的活动，可以拓宽视野、丰富知识、培养兴趣爱好，从而提高自身综合素质。

博物馆社区参与是指博物馆与社区居民进行积极互动和合作的活动。它不仅仅是为了提高博物馆的知名度和参观人数，更重要的是通过社区参与项目，使博物馆真正融入社区，与社区居民建立起密切的联系和合作关系。博物馆是文化的传播者和守护者，是社区文化记忆的重要场所。通过社区参与项目，博物馆可以将自己的资源和知识分享给社区居民，促进文化的交流和传承。社区参与活动可以增加博物馆的可持续发展，提高博物馆的社会影响力和社会形象。博物馆可以利用社区参与项目，建立起与社区居民的直接联系和沟通渠道。通过这种互动，博物馆可以更好地了解社区居民的需求和兴趣，为他们提供更符合需求的文化服务和教育项目。同时，社区居民也可以通过参与博物馆的活动，了解博物馆的资源和功能，进一步认同和支持博物馆的工作。博物馆可以通过社区参与项目，吸引社区居民参与博物馆的管理和运营。社区居民可以作为志愿者来参与博物馆的日常管理和服务工作，为博物馆提供人力资源和支持。同时，社区居民也可以作为博物馆的合作伙伴，共同策划和实施文化活动和展览，为博物馆注入新的活力。社区居民是博物馆最直接的用户和受众群体，他们的支持和参与是博物馆长期发展的重要保障。通过社区参与项目，博物馆可以建立起稳定的访客群体，增加参观人数和票房收入，提高博物馆的经济收益。同时，社区居民的参与也可以带动博物馆周边产业的发展，促进社区经济的繁荣。

在开展博物馆社区参与项目的策划过程中，分析目标社区的特点和需求是非常重要的一步。只有充分了解目标社区的特点和需求，才能制定出适合的项目计划，并更好地实现社区参与的目标。分析目标社区的特点是为了了解社区的基本情况和特征。这包括社区的人口规模、居民的年龄结构、教育水平、经济状况等。通过了解这些信息，可以对目标社区的整体情况有一个全面的认识。例如，如果目标社区大部分居民是老年人，那么在设计社区参与项目时就需要考虑他们的特殊需求和兴趣。如果目标社区大部分居民是年轻人，那么可以采用更具创新性和时尚感的方式来吸引他们的参与。分析目标社区的需求是为了了解社区居民的实际需求和关注点。这包括社区居民对博物馆和文化活动的兴趣程度、对社区参与项目的期待、对博物馆的建议和意见等。通过开展问卷调查、座谈会或与社区居民面对面交流等方式，可以全面了解社区居民的需求。例如，社区居民可能对博物馆感兴趣，但由于远离市区或交通不便，很少有机会参观博物馆。在这种情况下，可以考虑将博物馆的展示内容搬到社区中，通过移动展览或展示会的形式让社区居民近距离接触文化艺术。还可以通过与社区组织、社区领导、学校和其他相关机构的合作，获取更多关于目标社区的信息。这些合作伙伴可以提供有关社区的细节和历史背景以及其他对社区参与项目策划和实施有帮助的资源和建议。例如，学校可以提供学生的参与意愿和可以参与的方式，社区组织可以提供支持和推广的渠道，社区领导可以提供政策和资源的支持。在分析目标社区的特点和需求的过程中，可以采用多种研究方法和工具，如问卷调查、访谈、座谈会、数据分析等，以获取准确和全面的信息。此外，还可以结合相关的理论和研究成果，对社区参与项目的策划提供更有针对性和科学性的建议。

促进社区教育和文化交流是博物馆社区参与项目策划的重要目标之一。通过博物馆与社区的合作，可以提供教育资源，促进知识传播和文化交流，为社区居民提供机会去探索、学习和享受艺术与文化的乐趣。博物馆作为文化遗产的守护者，通常拥有丰富的藏品和展品，可以通过展览、讲座、工作坊等形式，向社区居民传递知识和教育。例如，博物馆可以举办关于历史、科学、艺术等主题的展览和讲座，为社区居民提供了解世界文化和历史的机会。

博物馆可以开设各种类型的教育项目，如学术研究、实地考察、实践操作等，为社区居民提供学习和参与的机会。博物馆可以与学校合作，提供实地考察和讲座，为学生开拓视野，增加知识。同时，博物馆也可以为社区居民提供培训课程，如手工艺制作、绘画、书法等，帮助他们提升技能和品位。例如，博物馆可以与学校合作，举办音乐会或戏剧表演，展示社区居民的才艺和成果。这样的活动能够激发社区居民的创造力和艺术热情，同时也增强社区凝聚力和文化认同感。通过社区参与项目，可以收集、保存和传承社区的历史和文化遗产，让社区居民对自己的历史和文化有更深入的了解和认同。例如，博物馆可以与社区居民一起建立社区档案馆，收集并记录社区的历史事件和重要人物，展示社区的文化底蕴和发展成果。

二、博物馆与社会组织合作的机会

博物馆和社会组织之间的合作可以建立在共同的价值观和目标基础上。这种合作不仅可以促进双方组织的发展和成长，还可以为社会带来更多的福利和收益。博物馆作为文化和艺术的保护者和传承者，注重传统和历史的保护和传播，强调文化多样性与人类共同的文化遗产。而社会组织通常关注社会问题和公益事业，提供社会服务和推动社会进步。这两者在追求社会公益和提高人民文化素质方面有着共同的价值观。通过合作，博物馆和社会组织可以利用各自的资源和优势，共同促进社会文化教育的进步。博物馆通常有着保护和展示文化遗产、提供教育和研究的任务和目标，而社会组织往往有着解决社会问题和改善社会环境的目标。通过合作，博物馆可以提供专业的知识和资源支持，帮助社会组织更好地实现其社会目标。同时，社会组织也可以为博物馆带来更多的社会关注和支持，促进博物馆的发展和影响力的扩大。

博物馆与社会组织合作的形式与内容丰富多样。博物馆与社会组织可以合作举办特定主题的展览。社会组织提供相关的展览内容、研究成果，博物馆提供展览场地和专业技术支持。这种合作模式可以充分展示社会组织的工作成果，也可以为博物馆带来新的展览内容和观众群体。博物馆可以与社会组织合作开展教育活动。社会组织可以提供专业的教育资源和教学方法，博物馆提供专业的展示和展览场地。这种合作模式可以丰富博物馆的教育活动，提高观众的教育参与度和学习效果。博物馆与社会组织可以合作开展社区活动。社会组织可以通过博物馆来展示社区的文化、历史和特色，提高社区居民对社会组织的认可度和参与度。博物馆也可以通过社会组织的参与，更好地了解社区居民的需求和意见，有针对性地开展社区服务和活动。博物馆与社会组织可以合作进行专业研究。社会组织可以提供研究话题、调查数据和案例分析，博物馆提供研究资源和专业指导。这种合作模式可以促进学术与实践的结合，提升研究的深度和广度，推动相关领域的发展。博物馆与社会组织可以合作分享资源。例如，博物馆可以向社会组织提供展览场地、展览品和教育资源，社会组织可以向博物馆提供调查数据、文献资料和相关研究成果。这种合作模式可以互惠互利，提升双方的资源利用效率和影响力。

在博物馆与社会组织合作的过程中，确保合作质量是至关重要的。合作对象的筛选与评估是保证合作质量的第一步，也是关键一步。博物馆与社会组织合作的目标是实现资源共享、互利共赢，从而共同为社会和公众提供更好的服务。在筛选合作对象时，应充分了解其理念、使命和愿景，判断其是否与博物馆的发展目标和价值观相契合。双方理念契合度越高，合作成功的可能性越大。此外，合作对象在业界的影响力、声誉和口碑也是衡量其合作价值的重要指标。博物馆与社会组织在业务领域的互补性是衡量合作效果的重要因素。合作双方应在资源、技术、人才等方面具备较强的互补性，以便实现优势互补、共同发展。例如，博物馆可以与文化产业、教育机构、科研单位等社会组织进行合作，实现文化资源的共享与传播、人才培养和科研项目的共同推进。合作对象的项目管理能力直接关系到合作项目的实施效果。在评估合作对象时，应关注其项目管理经验、组织架构、团队成员的专业素养等方面。此外，要重点关注合作对象在类似项目中的实际表现，以评估其在项目实施过程中的执行力。在确定合作对象时，要对可能出现的风险进行全面评估。这包括合作对象的法律地位、财务状况、信用评级等方面的审查。同时，要关注合作项目中可能出现的知识产权、信息安全等方面的风险。通过风险评估，确保合作对象的稳健性和合作项目的可持续性。

在博物馆与社会组织合作的过程中，沟通和协调是非常关键的，可以确保合作的顺利进行，并取得更好的效果。在合作开始之前，双方需要明确合作的目标和期望。这有助于双方更好地理解合作的意义和价值，并为合作的具体步骤和工作制定良好的计划。建立起顺畅的沟通渠道是十分重要的。合作的双方应该明确沟通的频率和方式，如定期会议或通过电子邮件进行沟通。这有助于及时交流信息和解决问题。在合作过程中，双方要保持充分的沟通。这包括分享合作进展、交流意见和反馈、讨论和解决问题等。通过开放的沟通，可以确保合作的各个环节得到充分的关注和合理的安排。合作过程中，建立互信是十分重要的，这有助于双方更好地理解对方的需求和关注点，并共同努力解决问题。通过建立互信，合作的双方可以更好地合作和共同成长。在合作过程中，可能会出现一些分歧和冲突。双方需要积极探讨并解决这些问题，以确保合作的顺利进行。这可以通过开放的讨论、妥协和寻求共同解决方案来实现。合作过程中，协调合作进度也是非常重要的。双方可以共同制定时间表和里程碑，以确保合作的不同阶段按时完成。通过协调合作进度，双方可以更好地掌握合作的进展情况，并及时进行调整和改进。合作完成后，双方可以进行共同的评估和总结，以了解合作的效果和经验教训。通过共同评估和总结，可以为今后的合作提供参考，并不断改进合作的质量和效果。

第十三章　博物馆文物的数字化与网络传播

一、文物数字化的意义与挑战

文物数字化能够提高文物的保护水平。通过数字化技术，可以对文物进行三维扫描、高清摄影和数据采集，实现对文物的精确复制和记录。这样不仅能够保护文物本身的完整性，还能够减少文物因移动、展示等环节造成的损坏风险。同时，数字化技术还能够通过虚拟展示的方式让更多人近距离观赏文物，减少了人为因素对文物带来的消耗和损害。传统的博物馆展示方式主要以实物展示为主，观众在现场观看文物，了解其历史背景和文化内涵。而文物数字化可以通过虚拟现实、增强现实、3D建模等技术，让观众在虚拟环境中近距离接触文物，感受其历史氛围。此外，数字化展示还可以通过多媒体手段，如音频、视频、动画等形式，生动形象地呈现文物背后的故事和历史文化信息，使观众更加直观地了解文物的价值。

由于地域、时间、资金等限制，许多观众无法亲自到博物馆参观实物文物。而文物数字化后，观众可以在网上浏览、下载高清图片和视频，甚至在线观看虚拟展览，从而实现足不出户便能了解和学习文物知识。此外，通过文物数字化，博物馆还可以吸引国际观众，提高我国文物在国际上的知名度和影响力。

以往，科研人员需要亲自到博物馆观察文物，进行实物研究。这种方式不仅耗时较长，而且难以对大量文物进行系统研究。文物数字化后，科研人员可以在电脑前轻松获取高清文物图像和相关信息，提高研究效率。同时，数字化文物的共享性也为跨学科、跨领域的合作研究提供了便利。文物数字化为教育与科研提供了全新的可能，推动了相关领域的发展。通过数字化技术，可以对文物进行高精度的复制和保存，为文物保护提供有力支撑。在数字化技术的帮助下，文物研究者可以更加精确地了解文物的材质、结构、历史变迁等信息，为文物保护制定科学合理的措施。同时，数字化文物还可以为后人留下丰富的文化遗产，传承中华民族的优秀文化。

文物数字化是将珍贵的文物通过数字技术转化为电子格式，从而实现更广泛的保存、传播和利用。然而，实施文物数字化也面临一些挑战。首先，技术难题是数字化的首要挑战之一。在进行文物数字化时，需要使用各种技术工具和设备，如高像素摄影器材、扫描仪、光学影像处理软件等。然而，许多文物具有独特的材质和形态，如水墨画、丝绸织品等，这些文物的数字化需要特殊的技术方法和设备。因此，如何选择合适的技术工具和设备以及如何处理不同类型文物的数字化是技术难题的一个关键。由于文物的数量庞大且数据量较大，所产生的数字化数据也会面临存储和管理的挑战。如何有效地组织和管理这些数据，确保其安全和可持续性是数字化过程中需要解决的问题。此外，由于文物数字化是一个长期的过程，文物数据的更新和维护也需要解决。一些文物涉及个人或机构的隐私信息，如家谱、合同等，这些信息在进行数字化时需要进行保护。同时，一些文物可能存在版权问题，如古代书籍的数字化需要考虑版权保护的要求。因此，如何在数字化过程中确保个人隐私和版权的合法性是一个挑战。在进行数字化过程中，如何确定数据的标准和标识以及如何确保数据的准确性和可信度是需要解决的问题。只有数据具备统一的标准和标识，才能更好地进行存储、查询和传播。

博物馆拥有大量的文物资源，数字化和网络传播可以有效整合这些资源，使其更加易于访问和利用。然而，在进行数字化和网络传播时，需要面临资源整合的挑战。不同博物馆之间可能存在不同的数字化标准和技术平台，这对资源整合带来了困难。同时，由于文物种类繁多，涉及不同的学科领域和专业知识，确保资源的准确分类和整合也是一项挑战。解决这个问题需要加强博物馆间的合作，共享数字化技术和标准以及建立跨机构的资源整合平台。数字化和网络传播为文物的保护和利用提供了新的途径，但也带来了平衡问题。一方面，数字化和网络传播可以让更多的人了解和欣赏文物，提高公众的文化素养。另一方面，过度的数字化和网络传播可能导致文物的质量受损，甚至被不法分子盗取和商业化。如何在保护和利用之间找到平衡点，确保文物的长期保存和有效运用，是一个关键的问题。博物馆需要建立严格的数字化和网络传播政策，加强文物的保护和管理，同时积极推动公众参与，加强教育和宣传，提高文物的利用价值。数字化和网络传播需要专业的人才来进行技术支持和文物讲解，然而博物馆行业在这方面存在人才短缺的问题。一方面，数字化和网络传播技术的更新换代速度快，需要专业人士不断学习和提升自己的技能。另一方面，文物讲解需要专业知识和研究背景，以便向观众提供准确可信的信息。因此，培养和吸引更多的数字化和文物讲解人才对于推动博物馆数字化和网络传播的发展至关重要。博物馆可以与高校合作，开展相关专业培训和教育项目，吸引更多的人才加入该领域。数字化和网络传播为博物馆文物带来了新的法律和伦理问题。一方面，数字化和网络传播可能涉及文物的知识产权和版权保护，需要建立相应的法律框架和政策进行规范。另一方面，博物馆应当遵循伦理原则，确保文物的合法来源，禁止非法盗掘和交易。同时，网络传播的便利和普及性也可能导致文物信息的滥用和误解，需要博物馆加强信息的有效管理和传播渠道的规范。解决这些问题需要博物馆与相关部门和国际组织合作，建立相关的法律和伦理规范，加强文物的保护和合理利用。

二、网络传播平台的选择和运营

博物馆文物的数字化与网络传播已经成为当今博物馆发展的重要方向。网络传播平台的选择和运营在这个过程中起到了关键作用。网络传播平台是博物馆文物数字化和网络传播的载体，它将博物馆文物的价值和魅力传递给更多的观众。不同类型的博物馆拥有不同的文物收藏和展示内容，因此在选择传播平台时要根据自身的特点进行选择。比如，历史博物馆可以选择建立专门的历史文化网站或者参与历史文化类的在线社交平台；艺术博物馆可以选择建立美术作品展示平台或者参与艺术品拍卖网站等。选择适合自身特点的网络传播平台能够更好地展示博物馆文物的特色和内涵。网络传播平台的内容应具有权威性、丰富性和互动性。博物馆可以将文物的数字化图像、文字介绍、文献资料、视频和音频等多种形式的内容整合在网络传播平台上，为观众提供全方位、多角度的文物学习和体验。同时，博物馆还可以通过互动功能和社交媒体的运用，与观众建立起更为紧密的联系，提供更加个性化和定制化的服务。网络传播平台的运营需要博物馆与相关的技术公司、内容创作者和传媒机构等进行合作。通过合作，博物馆可以获得更先进的技术支持和专业的内容创作，提高网络传播平台的质量和影响力。同时，博物馆还应不断创新，结合新兴技术和传播方式，如虚拟现实、增强现实、移动应用等，为观众提供更加丰富多样的体验。

社交媒体平台是目前最受大众欢迎和广泛使用的网络传播平台之一。这种平台以用户交流和互动为核心，用户可以轻松快捷地分享和传播信息。例如，微博、微信朋友圈、Facebook 等平台，通过用户的分享和评论，可以有效地扩散文物信息和吸引更多公众的注意。社交媒体平台的特点是用户群体广泛和互动性强，信息传播速度快，传播范围广。利用这种平台可以更好地与公众互动，提高用户参与度，并增加文物的曝光度和知名度。这种平台通常由专业的文化机构或媒体机构运营，如博物馆官方网站、文化门户网站、在线展览平台等。文化传媒平台的特点是专业性强、信息准确且丰富，适合更深入和系统地传播文物相关知识。这些平台通常具备强大的文物资源，可以提供高质量的文物影像、文字解读、学术研究等内容，满足公众的学习和欣赏需求。同时，文化传媒平台还能够承担举办在线展览、分享专业讲座等活动，为公众提供多元化文化体验。选择适合的网络传播平台要根据目标受众、传播内容和传播目的来确定。社交媒体平台适合于大众化的文物传播，可以有效地传递简短、有趣的文物知识，吸引公众的关注和参与。而文化传媒平台则更适合深入的学术研究和专业介绍，可以提供更全面、详细的文物解读和内涵。在运营网络传播平台时，需要注意以下几个方面。第一，要及时更新内容，定期发布新的信息和活动，保持公众对文物传播的关注。第二，要注意与用户互动，回应用户的留言和评论，促进用户参与和反馈。第三，要根据平台特点和受众需求，合理选择和组织传播内容，提供高质量的文物信息和服务。第四，要注重宣传推广，通过其他媒体和合作伙伴的宣传，扩大文物传播的影响力和覆盖范围。

考虑到不同的平台受众和功能特点的差异，博物馆可以根据自身的定位和目标群体选择合适的平台，例如微信公众号、微博、视频网站等。同时，博物馆还可以通过市场调研和用户反馈等方式，了解不同平台的流量、用户群体和传播效果，进一步优化平台选择。博物馆需要制定合适的内容创作和更新策略。精心挑选文物资料，有吸引力的图片和视频，结合生动的文字说明，可以吸引更多用户的关注。博物馆可以通过定期更新内容，例如每周或每月推出新的文物展示，增加用户的黏性和参与度。此外，博物馆还可以推出一些特别的活动，例如线上讲座、互动问答等，增加用户的参与和互动，提高品牌曝光度。通过与其他相关机构和知名博主的合作，博物馆可以增加平台上的关注度和转发率，扩大传播范围。同时，博物馆还可以利用优惠活动、抽奖和学术研讨会等方式，吸引更多用户关注和参与，增加平台的活跃度和影响力。通过收集用户数据，如浏览量、留存率、参与度等，博物馆可以评估网络传播平台的效果，并及时调整和改进策略。此外，博物馆还可以通过用户反馈和留言等方式，了解用户需求和意见，进一步提高平台的服务质量和用户体验。

三、网络传播对博物馆的影响与未来发展

随着科技的飞速发展，网络传播已经深入到了社会的方方面面，博物馆领域也不例外。网络传播对博物馆的影响是全方位的，不仅拓宽了博物馆的传播渠道，提升了博物馆的知名度，还为广大观众提供了更加便捷的参观体验。网络传播则可以让博物馆的宣传推广覆盖到更广泛的受众，通过微博、微信、抖音等社交媒体平台，博物馆可以迅速将信息传播出去，吸引更多观众前来参观。此外，网络传播还可以让博物馆的宣传更具针对性，通过数据分析，了解观众的兴趣爱好和参观习惯，制定更加精准的宣传策略。一个博物馆的网络知名度不仅可以吸引更多观众，还可以提升博物馆的学术地位和社会影响力。通过网络传播，博物馆可以展示自己的丰富藏品和独特魅力，让更多人了解博物馆的历史、文化和成就。同时，网络传播还可以让博物馆与其他国内外同行进行交流与合作，共同推动博物馆事业的发展。现在，许多博物馆都推出了线上预约、虚拟参观、在线讲解等服务，让观众可以提前了解展览信息，合理安排参观时间，甚至在家中就能欣赏到博物馆的珍贵藏品。此外，网络传播还让博物馆的教育培训活动更加丰富多样，如在线课程、讲座、研讨会等，让观众可以随时随地

学习博物馆相关知识。通过高清摄影、三维扫描等技术，博物馆可以将文物转化为数字资源，进行永久保存和传播。这些数字资源不仅可以用于博物馆的线上展示，还可以在学术研究、文创产品开发等方面发挥作用。同时，数字化保护也有助于减少文物在展览过程中的磨损，延长其寿命。

　　通过网络平台，博物馆的展览、藏品和研究成果可以被更多的人所了解和分享。在线展览可以让无法到博物馆现场参观的人们也能够欣赏到精彩的展品。同时，网络传播还可以将博物馆的资源数字化，通过高清图像、虚拟现实等技术手段，让用户可以在家中就能够进行虚拟参观，深入了解博物馆的文化底蕴。网络传播可以提供更多的参观方式和体验，吸引更多的受众。通过网络，博物馆可以为受众提供更多样化的参观体验。比如，通过视频解说、互动展览、虚拟实境游览等形式，让受众能够更加活跃地参与到展览中来，增加他们对展览内容的理解和记忆。通过社交媒体平台，博物馆可以与受众进行直接的互动，了解他们的需求和反馈。这可以帮助博物馆更好地调整和改进展览设计，提供更符合受众需求的展览内容。另外，通过网络传播，在线教育和线上学习也可以得到更好的发展。通过网络平台，博物馆可以为学生提供线上教育课程，开展线上交流活动等，使更多的人能够接触到博物馆的文化资源，促进文化传承和教育。博物馆可以通过在网络平台上销售相关的文创产品、图书和纪念品等，获得额外的收益。网络传播也可以为博物馆的赞助和合作提供更广阔的机会，吸引更多的赞助商和合作伙伴。同时，通过网络传播，博物馆可以举办线上拍卖会、线上艺术展会等活动，吸引更多的收藏家和购买者参与进来。

第十四章 博物馆文物的商业利用

一、跨界合作与文创产品开发

跨界合作是指不同领域、不同行业之间的合作与交流。在博物馆领域，跨界合作可以带来许多意义和价值。博物馆作为文化的守护者和传播者，拥有丰富的文物资源。通过与其他行业进行合作，可以将博物馆的文物资源与其他领域的创意、设计、制造等相结合，创造出更多样化、更有吸引力的文创产品。这些文创产品不仅可以更好地传递博物馆的文化价值，还可以形成新的文化符号，激发人们对文化的兴趣和热爱。博物馆作为非营利机构，需要不断寻找经济来源来维持运营和发展。通过与商业企业进行合作，可以将博物馆的文物资源转化为具有市场价值的产品，实现商业化运营。例如，博物馆可以与时尚品牌合作推出设计师系列、与旅游公司合作推出主题旅游线路等，通过销售文创产品和旅游服务来获取经济收入。通过与知名品牌合作，博物馆可以借助品牌的影响力和资源，提升自身的知名度和声誉。而与社会企业合作，则可以推动社会责任和可持续发展的实践。例如，博物馆与环保组织合作，推出环保主题的文创产品，可以提高公众对环保意识的认知，促进可持续发展的理念传播。不同领域、不同行业之间的合作可以带来不同的思维方式和创新理念，激发博物馆的创新潜能。同时，与商业企业合作也可以为博物馆提供新的技术和资源支持，促进博物馆的数字化转型和科技创新。总的来说，跨界合作对于博物馆的意义和价值不可忽视。通过与其他领域的合作，博物馆可以更好地传播文化价值、获取经济收益、提升品牌价值和社会影响力，同时也可以为博物馆带来创新和发展的动力。在跨界合作的过程中，博物馆需要保持自身的核心价值和独特性，确保合作的结果符合博物馆的使命和定位。

文创产品的开发方式和原则是指在利用博物馆文物进行商业化开发时，需要遵循的方法和原则。文创产品是指以博物馆文物为创意来源，通过设计和加工制造，将其转化为实际可销售的商品或服务。创新是文创产品的核心竞争力，通过对博物馆文物的深入研究和理解，融入现代设计元素和工艺技术，创造出具有时代特色的文创产品。博物馆可以与其他行业进行合作，如厂商、设计师、艺术家等，共同开发文创产品。跨界合作有利于获取更多专业的设计和制作资源，提升文创产品的质量和创意度。通过众筹的方式，可以集结更多的粉丝和爱好者参与文创产品的开发和制

作。众筹不仅可以为文创产品的生产提供资金支持，还可以获取更多的
市场反馈和用户需求。文创产品的创作需要尊重和保护博物馆文物的本身
意义和价值，不能对其进行贬低、破坏和涂饰。在开发过程中要注意文物
材质的保护，不得给文物带来损害。文创产品的创作必须与博物馆的主题
和展览有所联系，能够体现博物馆的独特文化内涵和价值观。只有与博物
馆文化相符，才能得到博物馆的支持和推广。文创产品的成功与否，很大
程度上取决于创意和品质。文创产品应该具有独特的设计和创意，能够吸
引目标消费者群体。同时，产品的质量和制作工艺也必须符合高品质的标
准。文创产品的最终目的是商业化运作，因此需要考虑产品的市场潜力和
推广方式。开发者需要对目标市场进行调研，找准合适的销售渠道，促进
产品的销售和推广。

　　成功的案例分析有很多，以下是其中几个值得注意的例子。故宫是中
国最著名的博物馆之一，其文物丰富多样，有着悠久的历史和独特的文化
价值。为了更好地利用故宫的文化资源，并提高博物馆的自给自足能力，
故宫推出了一系列文创产品。这些产品包括衍生品、纪念品、书籍、卡
片、餐具等各种精美的艺术品。这些产品不仅吸引了游客的关注，还获得
了良好的销售业绩。通过将故宫独特的文化元素与现代设计相结合，故宫
成功地将其文物赋予了新的生命和商业价值。敦煌莫高窟是中国最重要的
佛教艺术宝库之一，拥有丰富的壁画、雕塑和经卷等珍贵文物。为了保护

和传承敦煌莫高窟的文化遗产，敦煌莫高窟研究院充分利用了文创产品的商业潜力。他们推出了精美的纸品、雕塑、首饰等文创产品，不仅保留了敦煌莫高窟独特的艺术风格，还融入了现代设计的元素。这些产品不仅通过博物馆的销售渠道销售，还通过合作伙伴在国内外的商店和电商平台销售，取得了巨大的商业成功。香港文化博物馆是香港的一座重要博物馆，收藏和展示了丰富的香港文化遗产。为了增加博物馆自给自足的能力，香港文化博物馆推出了多种精美的博物馆周边商品，如书籍、文具、服饰、首饰、食品等。这些商品与香港文化和文物有关，具有独特的香港特色，吸引了游客和当地居民购买。香港文化博物馆还与多家合作伙伴共同推出了一系列联名产品，进一步扩大了博物馆文物的影响力和商业价值。这些成功的案例表明，博物馆文物的商业利用是一种有效的方法，可以增加博物馆的收入和影响力，进一步推广和保护文化遗产。通过跨界合作和文创产品开发，博物馆可以将其独特的文化元素与现代设计相结合，创造出具有商业价值的产品，吸引更多的游客和消费者。同时，这些商业化的活动还可以提高公众对文物保护和博物馆事业的认识和参与，促进文化的传承和发展。因此，博物馆文物的商业利用是一种可持续发展的策略，可以为博物馆和文化产业带来双赢的结果。

博物馆文物的商业利用，不再局限于传统的纪念品销售，更要注重跨界合作与文创产品的开发。文创产品是文化创意产业的产物，是将文化元素与商品相结合的产物。博物馆文创产品则是以博物馆文物为基础，将传统文化与现代生活相融合，赋予文物新的生命力和市场价值。博物馆可以与时尚、设计、科技等产业领域的企业进行合作，共同研发具有文化内涵和创新元素的文创产品。例如，博物馆可以与知名设计师、艺术家合作，以文物为灵感，创作出独具特色的服饰、家居用品、艺术品等。此外，博物馆还可以与科技公司携手，利用 AR、VR 等新技术，为消费者提供沉浸式的购物体验。博物馆文创产品要在尊重传统文化的基础上，融入现代审美和实用性。研发团队可以定期举办创意设计大赛，邀请社会各界参与，激发创意潜能，为文创产品的设计注入新鲜血液。同时，注重对市场需求的调研，了解消费者喜好，以用户为导向，开发出既具有文化价值又符合市场需求的产品。博物馆应树立自己的文创品牌，打造独特的品牌形象。可以通过举办文创产品展览、发布会等活动，提高品牌知名度和影响力。同时，利用社交媒体、电商平台等渠道，进行品牌推广，吸引更多消费者关注和购买博物馆文创产品。推动文创产品的发展与创新，需跨界合作、注重创新、丰富品类、强化品牌等多方面发力。如此一来，博物馆文物的商业利用将更具活力，为传承和弘扬中华璀璨文化贡献力量。同时，也为博物馆可持续发展提供有力支撑。

二、文物鉴定市场的研究

文物鉴定是指通过对文物进行科学、系统的鉴定工作，从而确定和证实其时代、作者、功能等相关信息的过程。文物鉴定活动是博物馆的一项重要任务，也是保护文物、传承文化的重要手段之一。在中国，文物鉴定市场的研究是非常有意义的，可以为文物保护和传承提供有力的支撑。首先，文物鉴定市场的研究可以为文物保护提供准确有效的手段。鉴定是确保文物真伪的重要手段，通过鉴定可以辨别出真假文物，防止假冒伪劣文物流入市场，保护和传承真正有历史价值的文物。鉴定结果也可以为文物的修复和保养提供依据，确保文物得到正确的保护和保存。其次，文物鉴定市场的研究可以促进文物的价值发挥和商业利用。鉴定活动可以为文物加值，提升其市场价格。通过对文物的鉴定和验证，可以确定其历史和艺术价值，使其得到更准确的定价和评估，并在市场上取得更好的交易结果。此外，鉴定市场也可以促进文物的商业利用，如举办文物展览、拍卖会等，为公众提供更多了解和欣赏文物的机会，同时也为文物行业的发展提供了新的商机。再次，文物鉴定市场的研究可以推动文物行业的规范化发展。通过对文物鉴定市场的研究，可以掌握市场需求和发展趋势，并为文物行业的发展提供相关政策和指导。鉴定市场的规范化和专业化，有助于提高鉴定结果的公信力和权威性，维护文物市场的秩序，减少鉴定纠纷和假冒伪劣文物的出现。最后，文物鉴定市场的研究也是文化传承和创新的重要方向。通过对文物的鉴定研究，可以更好地理解和传承传统文化，挖掘和发掘文物背后的故事和价值，为文化艺术的创新提供灵感和资源。同时，鉴定市场也可以鼓励科学研究和技术创新，推动文物鉴定技术和方法的进步，提高鉴定活动的科学性和准确性。

随着人们对文物的关注度和热爱程度不断提高，对于文物鉴定咨询服务的需求也逐渐增加。人们希望能够通过专业的机构和人士对所拥有的文物进行鉴定，了解其历史背景、价值以及保护和保存的方法。文物鉴定咨询服务不仅能满足人们对文物的认知和研究需求，还有以下几个方面的作用。首先，文物鉴定咨询服务可以提供准确的鉴定结果，为文物的保护和保存提供指导。通过专业的鉴定机构和鉴定人士，可以对文物进行科学、系统的鉴定工作，从而确定和证实其时代、作者、功能等相关信息。这些准确的鉴定结果不仅有助于防止假冒伪劣文物流入市场，保护和传承真正有历史价值的文物，还可以为文物的修复和保养提供依据，确保文物得到正确的保护和保存。其次，文物鉴定咨询服务可以提高文物的价值并促进其商业利用。鉴定活动可以为文物加值，提升其市场价格。通过对文物的鉴定和验证，可以确定其历史和艺术价值，使其得到更准确的定价和评估，并在市场上取得更好的交易结果。此外，鉴定市场也可以促进文物的商业利用，如举办文物展览、拍卖会等，为公众提供更多了解和欣赏文物的机会，同时也为文物行业的发展提供了新的商机。再次，文物鉴定咨询服务可以推动文物行业的规范化发展。通过对文物鉴定市场的研究，可以掌握市场需求和发展趋势，并为文物行业的发展提供相关政策和指导。鉴定市场的规范化和专业化，有助于提高鉴定结果的公信力和权威性，维护文物市场的秩序，减少鉴定纠纷和假冒伪劣文物的出现。最后，文物鉴定咨询服务也是文化传承和创新的重要方向。通过对文物的鉴定研究，可以更好地理解和传承传统文化，挖掘和发掘文物背后的故事和价值，为文化艺术的创新提供灵感和资源。同时，鉴定市场也可以鼓励科学研究和技术创新，推动文物鉴定技术和方法的进步，提高鉴定活动的科学性和准确性。

博物馆是保护和展示珍贵文物的场所，而博物馆文物的商业利用是指通过开展各种推广和宣传活动，将文物的鉴定过程向公众进行普及和传播。文物鉴定是指通过专业机构或专家的审核和鉴定，确认文物的历史、文化价值和真伪，对于了解文物的价值和背后的历史故事有着重要的意义。博物馆可以利用自身的专业资源和丰富的文物收藏，开展文物鉴定的推广活动，例如举办文物鉴定展览、发布鉴定报告等，向公众普及文物鉴定的方法和技巧，提高公众对文物鉴定的认识和兴趣。这不仅能够增加博物馆的知名度和影响力，也为公众提供了一个学习和了解文物的机会。博物馆可以通过文物鉴定的推广和宣传，吸引更多的人参与到鉴定活动中来。例如，博物馆可以邀请专家团队到场，为公众提供免费的文物鉴定服务，帮助他们确认收藏品的真伪和价值。这种方式不仅能够吸引更多的人来到博物馆参观和了解文物，还能够增加博物馆的参与度和互动性。同时，博物馆还可以通过线上线下结合的方式，开展文物鉴定问答活动或线上讲座，吸引更多的人参与其中，增加对文物鉴定的认知和兴趣。通过与专业机构或专家的合作，博物馆可以为公众提供真实、准确的文物鉴定和评估报告，帮助他们判断文物的价值和真伪。同时，博物馆还可以提供文物鉴定的咨询服务，解答公众在文物收藏和交易方面的疑问，为公众提供专业的指导和建议。这不仅能够增加博物馆的收入来源，还为博物馆提供了一个展示专业知识和能力的机会。

第十五章 博物馆的文化外交与国际交流

一、文物展览的国际巡展

国际巡展是指将一个博物馆或艺术机构的文物、艺术品等珍贵文化遗产以及相关展览主题和内容在国际范围内展出的活动。文物展览是一种通过文化交流来增进国家之间互信和友谊的有效方式。通过国际巡展，一个国家可以将其独特的文化遗产展示出去，向世界传递其丰富的历史、文化和社会发展。这种文化交流有助于增进各国之间的相互了解和友好感，培养国际间的互信，推动国际关系的和谐发展。一个博物馆通过国际巡展，可以将自己的研究成果和珍贵文物带到世界各地展示，提升博物馆的知名度和声誉。这有助于吸引更多的观众和学者前来参观和研究，进一步推动博物馆或艺术机构的发展和壮大。同时，国际巡展也有助于加强博物馆之间的合作与联动，促进国际博物馆的学术交流和资源共享。通过国际巡展，一个博物馆可以将自己所保存的珍贵文物展示给更多的观众，引起公众对文物保护和文化遗产传承的关注。这有助于增强社会的文物保护意识，推动各国政府和公众对文化遗产的重视与保护。同时，国际巡展也有助于推动文物的研究和保护技术的创新与发展。一个国家通过国际巡展，可以将自己的文化产品和创意设计带到国际舞台上展示。这有助于提高国内文化产业的国际竞争力和影响力，促进文化创意产业的发展和繁荣。

巡展的策划与前期准备工作是巡展成功的关键，需要充分考虑各项因素，包括展览内容、展览场地、展览时间、展品运输等。首先，巡展的策划需要根据博物馆的文物展览项目，确定巡展的主题和内容。巡展的主题要贴近当地的文化背景和受众的需求，以增加展览的吸引力和影响力。同时，展览的内容也要考虑展品的保存状况和合适的展示方式，确保展品的安全和展示效果。其次，巡展的策划还需要考虑展览场地的选择和准备工作。展览场地的选择要考虑场地的大小、环境和设施以及与受众之间的距离和交通便利程度。同时，还需要与展览场地的管理方进行沟通和协商，明确展览的时间、展览布局和安全措施等细节。展品的运输是巡展的关键环节之一，需要进行详细的计划和准备工作。要确定展品的数量和种类，并进行分类、包装和标识，以确保展品在运输过程中的安全和完整性。再次，还需要与物流公司进行合作，进行展品的运输和保险等事宜。在运输的过程中，还需要进行时刻跟踪和监控，及时处理可能出现的问题。此外，巡展的策划还需要考虑到展览的时间安排和宣传推广。展览的时间安排要考虑到当地的文化节日和纪念日等重要时刻，以提高展览的参观率和影响力。同时，还需要进行宣传推广工作，包括制作宣传海报、展览手册和新闻稿等以及通过媒体和社交媒体等渠道进行广泛宣传。最后，巡展的策划还需要预先做好展览评估和总结工作。巡展结束后，应及时对展览的效果进行评估和总结，以收集展览观众的反馈和意见，并对展览策划和组织工作进行改进和完善。

博物馆在具体实施国际巡展时，需遵循一些策略。首先，文物展览的国际巡展应注重展品的代表性、独特性和价值。在展品挑选过程中，要充分考虑不同国家的历史文化背景和观众需求，精选具有较高艺术价值、历史价值和科学价值的文物。同时，要注重展品的多样性，既有反映我国历史文化的代表性文物，也要有反映我国多元民族文化的展品，以展现我国文化的丰富内涵。其次，在国际巡展中，要注重策划主题，将展品有机串联起来，形成一个完整的故事线。通过讲述文物背后的历史故事、文化内涵和艺术价值，使观众在欣赏文物的同时，深入了解我国的历史文化，提升展览的教育意义和观赏价值。此外，还可以结合现代科技手段，如虚拟现实、互动体验等，增强展览的趣味性和互动性。此外，国际巡展的成功举办离不开与其他国家和地区的博物馆、文化机构的合作。在筹备阶段，要积极寻求合作伙伴，签订合作协议，确保展览的顺利进行。同时，要充分利用各种资源，如政府支持、企业赞助、社会捐赠等，为展览提供有力保障。在展览过程中，要加强宣传推广，扩大展览的影响力，提升我国文化的国际知名度。另外，国际巡展既是展示我国文化魅力的窗口，也是文化交流的平台。在展览期间，要举办各类文化交流活动，如学术讲座、工作坊、表演等，促进中外文化的互动交流。通过这些活动，让观众更加深入地了解我国的文化，增进各国人民之间的友谊和理解，实现民心相通。与此同时，国际巡展不仅要注重短期效果，还要关注长期发展。在展览结束后，要总结经验教训，不断优化展览策划和实施流程，推动文化交流常态化。可以通过线上展览、文化交流网站等方式，持续推广我国文化，让更多国家和地区的人民受益。

二、跨国文化项目的开展与管理

国际交流项目可以包括各种形式，比如文物展览、学术研讨会、文化艺术交流等。这些项目的开展需要博物馆与外部机构或者其他博物馆进行合作。首先，博物馆需要与合作伙伴建立长期的合作关系，建立相互信任和理解。双方需要明确项目的目标和内容，并确定合作的方式和形式。其次，博物馆需要制定详细的项目计划和执行方案，确保项目的顺利进行。项目计划应包括项目的时间安排、人员配备、资金预算等。同时，博物馆还需要建立有效的沟通和协调机制，确保项目的各项工作有序进行。最后，博物馆需要对项目进行评估和总结，及时发现问题和不足，并进行改进。

在跨国文化项目的开展与管理中，博物馆需要注意以下几点。首先，博物馆需要充分尊重各国的文化差异和多样性。不同国家有不同的文化传统和价值观念，博物馆在开展跨国文化项目时应注重尊重和保护各国的文化遗产和文化权益。其次，博物馆需要加强人员培训和交流，提高员工的跨文化交流能力和国际视野。只有具备了相应的能力和素质，博物馆才能更好地开展国际交流与合作。再次，博物馆需要加强合作与共享，与其他博物馆建立长期的合作关系，并积极参与国际博物馆组织和文化交流平台，扩大国际交流的影响力和覆盖面。最后，博物馆还需要利用现代信息技术手段，加强对外宣传与互动交流，提高国际交流的透明度和参与度。

结　语

　　本书主要讨论了博物馆文物的利用与讲解，通过十五章的内容，全面介绍了博物馆文物的重要性、分类与保管、价值等方面的知识，并介绍了博物馆文物的分类体系和保管与养护的重要性。通过建立科学的分类体系，可以更好地管理和保护文物，确保它们的完好无损。而博物馆藏品的管理制度则是确保文物的安全和可持续发展的重要保证。同时，我们了解了博物馆文物的价值，这不仅体现在文物的独特性和珍稀性上，更重要的是它们的历史价值和对社会的影响。在文物的陈列与展示方面，本书介绍了设计与布局的重要性以及创新与运用展示手段和提升观众参观体验的方法。通过巧妙的设计和创新的展示手段，可以使观众更好地了解和欣赏文物，提升其参观体验。在利用模式方面，本书介绍了展览与展示、教育与研究以及社区参与和社会活动等多种利用方式。通过展览和展示，可以向观众展示文物的魅力和价值；通过教育和研究，可以促进观众的学习和研究兴趣；通过社区参与和社会活动，可以推动社会的参与和发展。在文物讲解的方法与技巧方面，本书介绍了背景知识准备、多媒体技术的讲解方法和与观众互动的讲解技巧。通过这些方法和技巧，可以使讲解更加生动有趣，吸引观众的注意力，增强他们的学习和理解能力。在博物馆导览员的角色与职责方面，本书介绍了导览员的专业背景要求、培训与发展以及日常工作职责。导览员是博物馆与观众之间的桥梁，他们需要具备专业的知识和良好的沟通能力，以提供精彩的文物讲解。在文物讲解的语言与表达方面，本书提出了使用易懂的语言与表达方式、避免使用专业术语和难以理解的词汇，以及使用图像与多媒体辅助讲解的方法。通过这些方式，可以使讲解更加清晰易懂，吸引观众的兴趣，提升他们的参与和理解程度。此外，本书还介绍了文物讲解的故事性与情感共鸣等内容。通过多个章节的内容全面阐述了博物馆文物的利用与讲解，旨在将壮美中华璀璨文化讲给读者听。通过深入了解博物馆文物的分类、保管、价值、陈列、展示、利用模式、讲解方法与技巧等方面的知识，读者能够更好地理解和欣赏博物馆文物，同时也能够更好地参与和推动博物馆文化事业的发展。希望本书能够为读者提供一份有益的参考，让大家更加热爱和关注中华璀璨文化的传承和发展。

参考文献

［1］叶聪，匡才远.调研分析：国内博物馆文创发展现状及创新路径研究［J］.丝绸，2023，60（11）：168-171.

［2］舒文慧，朱睿，李明洋等.文旅深度融合背景下"博物馆夜游"模式创新路径研究［J］.商展经济，2023（21）：49-54.

［3］杨海静.博物馆公共文化服务创新［J］.文化产业，2023（31）：49-51.

［4］萨仁其木格.推动基层博物馆建设更上一层楼［J］.文化产业，2023（30）：10-12.

［5］任志艳，赵雪珂.陕西历史博物馆文创产品现状与创新开发研究［J］.西安文理学院学报（社会科学版），2023，26（04）：53-59.

［6］张蓉.互联网时代博物馆档案管理工作的创新研究［J］.兰台内

外，2023（29）：37-39.

［7］梁敏.中国博物馆协会区域博物馆专业委员会 2023 年年会暨区域

协同创新视域下的中小博物馆高质量发展学术研讨会综述［J］.中国博物

馆，2023（05）：125-126.

［8］杨扬.浅谈数字时代博物馆宣传教育方式的创新与改革——以三

明市博物馆为例［J］.文物鉴定与鉴赏，2023（19）：93-96.

［9］张晓敏.文明共同体视域下的多元文明与全球传播——"全球博

物馆珍藏展示在线接力"活动创新实践路径［J］.新闻战线，2023（19）：

61-63.

［10］田颖.博物馆的记忆——评《跨越与创新》［J］.书城，2023

（10）：62-64.

［11］游越，谭景斌.博物馆儿童展览的创新实践之路——以江西省

博物馆"趣·纹——小跃鹿的奇幻'饰'界"儿童主题展为例［J］.文物

天地，2023（10）：23-28.

［12］黄冬."网红打卡"热潮下博物馆展览工作的创新与发展［J］.

文物天地，2023（10）：54-57.

［13］杨斐.文旅融合背景下博物馆研学旅行创新之路［J］.文化产业，

2023（27）：61-63.

［14］陈晔，马季振，李恒云等.科技赋能旅游业高质量发展：实践

路径与研究议题［J］.旅游导刊，2023，7（05）：1-22.

［15］苏绎桐，汤晓颖.基于可持续发展理念的博物馆文创产品创新策略研究［J］.美术学报，2023（05）：156-160.

［16］张文珺.传统传承·创意创新——新时代博物馆研发非遗手工艺文创产品的价值与策略［J］.南京艺术学院学报（美术与设计），2023（05）：188-194.

［17］陆国辉，李秀凤，韦思意等.数字媒体技术在博物馆文创产品设计中的应用与创新研究［J］.鞋类工艺与设计，2023，3（16）：36-38.

［18］辛亚勤.试析如何创新文物博物馆陈列的设计方法［J］.收藏，2023，（08）：159-161.

［19］张东峰，王建国.遗址类博物馆数字化建设应注意的问题——以二里头夏都遗址博物馆为例［J］.洛阳师范学院学报，2023，42（06）：16-18+24.

［20］方一舒.文旅融合背景下博物馆事业创新发展的路径及模式探析——以邯郸市博物馆为例［J］.文物鉴定与鉴赏，2023（11）：42-45.

［21］孙心甜，黄玉琰，周文卓.数字人文时代运河主题博物馆的陈列设计创新研究——以扬州中国大运河博物馆为例［J］.文物鉴定与鉴赏，2023（11）：82-85.

［22］田喜.数字化交互设计在文化典藏中的创新应用——以陕北民歌

博物馆为例［J］.西北美术，2023（02）：111-114.

［23］王红杰.混合式学习理念下的小学博物馆课程创新设计与研究［J］.华夏教师，2023（16）：12-15.

［24］卢润彩，周艳芝.互联网时代博物馆文物管理中文物保护的创新策略研究［J］.中国民族博览，2023（10）：242-244.

［25］徐延章，张甜甜.数字时代博物馆藏品表情包创新设计策略［J］.新疆艺术（汉文），2023（03）：131-135.

［26］刘宇，游斯琪.三星堆博物馆藏品文创开发的创新设计研究［J］.设计，2023，36（09）：10-13.

［27］苗蕾.博物馆社会教育的项目策划和创新性思考——以临沂市博物馆为例［J］.文物鉴定与鉴赏，2023（09）：63-66.

［28］王岚.新时代下博物馆文创产品创新研究［J］.文化创新比较研究，2023，7（14）：126-130.

［29］窦文龙.博物馆在数字化建设中面临的问题、创新案例及建议［J］.科学教育与博物馆，2023，9（02）：46-53.